Christa Garbe
Die verlorenen Flügel des Grünen Drachen

Christa Garbe

Die verlorenen Flügel des Grünen Drachen

Ein Märchen
nicht nur für Erwachsene

mit Bildern von Marie Laure Viriot

J. Ch. Mellinger Verlag GmbH, Stuttgart

ISBN 3-88069-361-7
© 1998 J. Ch. Mellinger Verlag GmbH, Stuttgart
Gesamtherstellung: Wiener Verlag, Himberg bei Wien
Printed in Austria

Das einzig Wichtige im Leben
sind die Spuren der Liebe,
die wir hinterlassen,
wenn wir gehen.

Albert Schweitzer

Meiner besten Freundin
Gertraud Meuthen-Schultes
in liebevoller Erinnerung gewidmet.

Inhalt

Das verlorene Blumenhütchen

Endlich ging der lange, lange Winter zu Ende. Noch lag überall Schnee, und die Nächte waren bitter kalt. Aber schon brausten die ersten wärmeren Stürme durch die Wälder, so daß die alten Baumherren, die tief verschneit den Winter verschlafen hatten, ächzten und stöhnten. Sie schüttelten ihre Äste und warfen die weiße Last zu Boden. Mit leisen Schritten näherte sich der Frühling.

Tropf, tropf, tropf! Mitten ins Gesicht eines kleinen Blumen-Elfen, der noch träumend in seinem Bettchen unter der Erde lag, tropfte so ein getauter Schneetropfen.

Ärgerlich und noch ganz verschlafen wischte sich der Elf das Wasser aus dem Gesicht. Nein, er wollte noch nicht wach werden – es war so schön im Bett, warm unter der Erde. Er zog sich seine Zudecke, die aus einigen welken Blättern bestand, über das Gesicht.

Aber es half nichts – plötzlich wurde ihm die Decke weggezogen, und er schaute in das lachende Gesicht einer Ober-Elfe. „Wach auf, du Faulpelz", rief sie fröhlich, „der Frühling ist nicht mehr ferne – wir müssen noch viel üben, damit wir ihn auch richtig begrüßen können."

Seufzend kam unser kleiner Blumen-Elf hoch und schaute sich aus verschlafenen Augen um. Ringsumher kicherte es, und viele Blumen-Elfen lachten den Langschläfer aus. Überall sah man jetzt eifrige kleine Wesen am Werk, die vertrockneten Blätterbetten fortzuräumen und die Schlafkammer fein auszufegen. Nur Zizidee, der verschlafene Blumen-Elf, konnte sich noch nicht entschließen, sein Bettchen zu verlassen.

Und wieder tropfte es von oben auf ihn herab – ja, er merkte, daß sein ganzes Bett schon feucht war! Nein, das war ihm aber nicht recht – er wollte doch noch schlafen –

er wollte einfach noch nicht in die Blumen-Elfen-Schule gehen müssen! Aber ein nasses Bett ist kein guter Platz – und so kroch er, leise vor sich hin schimpfend, aus den Blättern.

Wo war denn nur sein Blumenhütchen? Im Herbst hatte er es doch hier irgendwo hingelegt unter sein Kopfkissen aus Moos!

Er warf alle Blätter und Moose durcheinander, aber kein Hütchen war zu sehen. O weh, was sollte er nur machen? Ratlos schaute er in die Runde. Alle anderen waren so beschäftigt mit dem Reinigen der Schlafkammer – keiner merkte, daß Zizidee in Not war.

Ohne sein Hütchen nämlich hatte er kein Kennzeichen! Und ohne Kennzeichen war er nur ein ganz gewöhnlicher Gras-Elf – und das wollte er auf keinen Fall mehr sein! Er war doch schon ein Blumen-Elf geworden im letzten Jahr! Gras-Elfen gab es zu Hunderttausenden – die machten die ganz einfachen Arbeiten auf der Erde – sie brachten die Gräser zum Wachsen! Und das weiß doch jeder, Gräser sind etwas ganz Einfaches, wo kaum jemand draufschaut! Aber ein Blumen-Elf zu sein, ja, das erfordert viele Kenntnisse, und er mußte lange, lange dafür lernen.

Wie glücklich war er im letzten Jahr gewesen, daß er diese schwere Blumen-Elfen-Prüfung endlich, endlich bestanden hatte. Vorher war er schon einige Male durchgefallen: Er hatte nicht genug dafür gelernt.

Und als ihm die Ober-Elfe dann nach der Prüfung feierlich sein Blumenhütchen überreichte – ach, da war er so glücklich, daß er einen Riesenfreudenhüpfer machte! Er sprang damals so hoch, daß er beinahe in ein Vogelnest gefallen wäre. Die Amselmutter, die gerade auf ihren Eiern saß, fiel fast aus dem Nest vor Schreck.

Sein Blumenhütchen war die Blüte einer Ackerwinde, zartweiß außen und innen ein klein wenig rosa gefärbt. Er war von nun an verantwortlich für das Wachsen und Gedeihen von allen Lianengewächsen. Das sind die Pflanzen und Blumen, die lange Ranken bilden.

Seine Aufgabe war es, den Pflanzen zu helfen, die Ranken schön zu drehen und eine Stütze für sie zu suchen, damit sie sich richtig winden konnten.

Diese Arbeit war nicht so leicht, denn immer wieder mußte der kleine Elf nachschauen gehen und aufs Neue die länger werdenden Triebe befestigen.

Im stillen hatte Zizidee schon gedacht, er hätte sich doch lieber eine andere Blumenart aussuchen können, die nicht so viel Arbeit macht. Aber er fand damals das Hütchen so wunderschön – und das wollte er unbedingt haben! Und das gab es nur mit der Arbeit der Lianenpflanzen.

Und dieses Blumenhütchen war nun verschwunden!

Immer eifriger wühlte Zizidee sein Blätterbett um. Tränen stiegen ihm langsam in die Augen vor Kummer. Die anderen Blumen-Elfen wurden nun doch aufmerksam und kamen näher.

„Was suchst du denn?" fragten sie. Alle hatten schon ihre Blumenhütchen auf.

„Mein Hütchen ist fort", schluchzte Zizidee. Betroffen schauten sich alle an. Hilfsbereit fingen sie an, den Raum abzusuchen und alle Blätter, die schon in einer Ecke zusammengekehrt waren, wieder zu verteilen. Aber niemand fand das Hütchen.

Wo konnte es nur geblieben sein?

„Beschreib uns doch mal genau, wie es aussah", sagten die anderen Elfen.

Zizidee beschrieb in allen Einzelheiten, wie sein wunderschöner Hut aussah. Er wuße sogar, daß an einer Stelle ein winziger Riß war: Als er nämlich einmal an einer Dornenranke hängenblieb, die er nachlässig befestigt hatte, entstand dieser Riß.

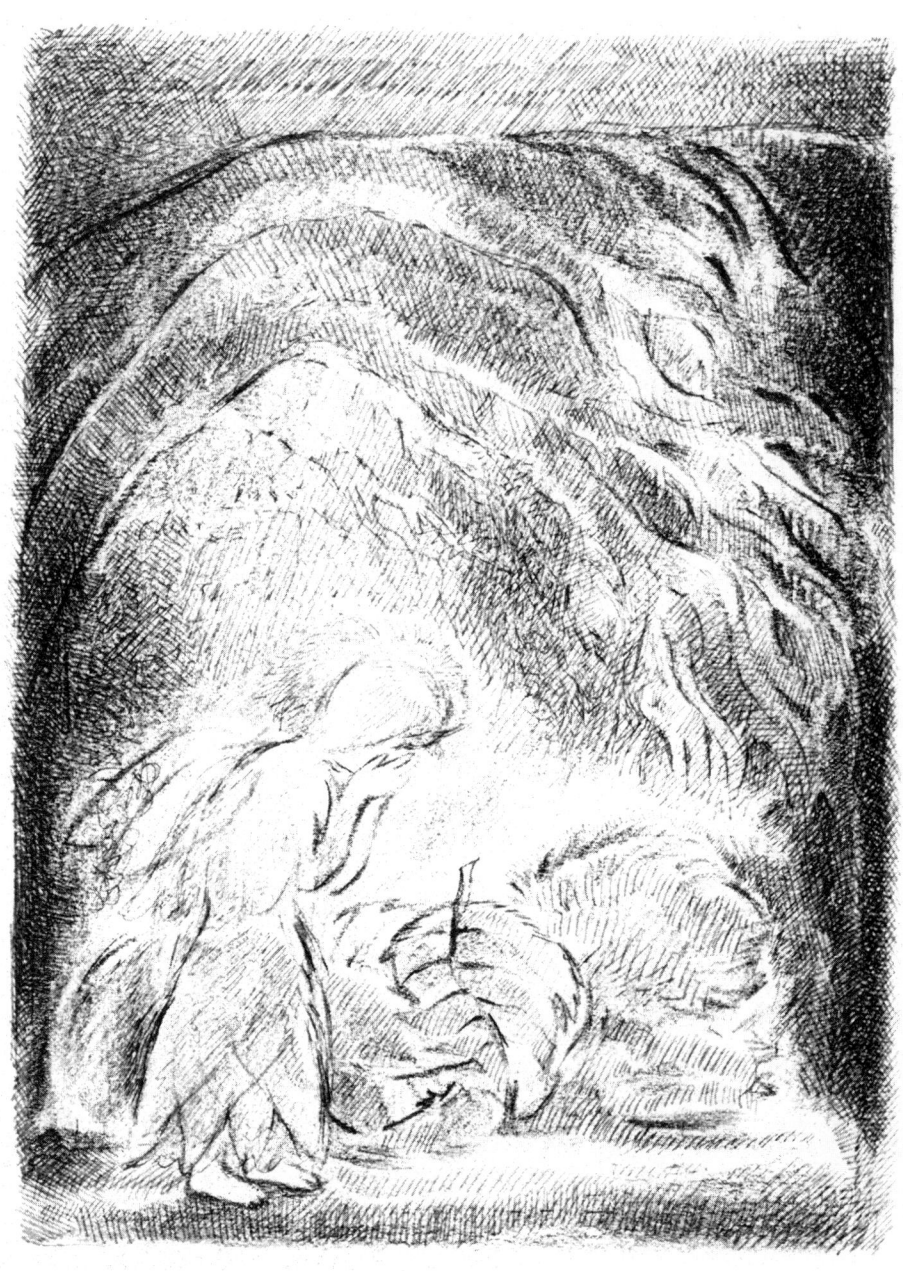

„Es hilft nichts", sagte da einer, „wir müssen es der Ober-Elfe sagen." Tröstend streichelten sie Zizidee über die Schulter. Kummervoll schaute er sie alle an.

Nun wurde noch der Rest des Raumes gesäubert und alle welken Blätter ordentlich in der Ecke geschichtet.

Plötzlich tönte das Läuten eines Schneeglöckchens, und die Ober-Elfe betrat den Raum. Verwundert schaute sie sich um. Nicht in ordentlichen Reihen saßen die Blumen-Elfen da, sondern sie standen in Grüppchen und redeten miteinander.

Die Ober-Elfe schüttelte ärgerlich das Schneeglöckchen. „Was ist hier für ein Aufruhr?" rief sie. „Alles auf die Plätze!" Schnell hockte sich alles nieder – nur Zizidee blieb mit gesenktem Kopf stehen.

Erstaunt schaute die Ober-Elfe zu ihm hin. „Wo ist dein Blumenhütchen, Zizidee?" fragte sie mit strengem Blick.

„Es ist fort", antwortete er leise, „ich habe es nicht finden können, als ich vorhin aufstand."

„Das kann doch nicht sein", schimpfte die Ober-Elfe ärgerlich, „du hast sicher nicht richtig nachgeschaut."

„Doch, doch", riefen die anderen Blumen-Elfen, und alle Blütenköpfchen nickten eifrig, „wir haben alle mitgesucht!"

„Nun", sagte die Ober-Elfe streng, „wenn du nicht auf deinen Hut aufpassen kannst, dann darfst du auch nicht zu Frühlingsbeginn mit nach oben – du mußt ihn suchen!"

Traurig schlich Zizidee aus dem Raum. Wuttränen sprühten ihm aus den Augen. Wer hatte ihm seinen Hut weggenommen? Er setzte sich vor der Schlafkammer auf einen Stein und stützte seinen Kopf auf die Hand. Am liebsten wäre er nach oben an die frische Luft gegangen – aber da lag ja noch Schnee, und das war kleinen Blumen-Elfen viel zu kalt! Er überlegte und überlegte, wo er mit der Suche anfangen konnte.

Hatte er seinen Hut überhaupt aufgehabt, als er im Herbst schlafen ging? Er konnte sich gar nicht mehr richtig erinnern! Es war ja schon so lange her! Und er spielte gerne mit dem Hut – nahm ihn ab und betrachtete ihn – legte ihn auch mal neben sich, wenn er heimlich ein Schläfchen im Sonnenschein machte, anstatt seine Ranken und Lianen zu betreuen. Oh, wie leid tat ihm das jetzt!

Ob einer der anderen Naturgeister ihm das Hütchen weggenommen hatte? Es war doch so wunderschön! Ein tiefer Seufzer hob seine Brust. Nie mehr wollte er sein Hütchen ablegen, das schwor er sich! Nie mehr! Wenn er es doch endlich wiederhätte!

Langsam stand er auf und schaute in die Schlafkammer der Baum-Elfen. Einige waren jetzt schon auf und halfen den Bäumen, die Schneelast abzuschütteln, und sie transportierten den Saft hinter der Rinde des Stammes nach oben in die einzelnen Äste. Das war auch eine schwere Arbeit – die wollte Zizidee nicht so gerne machen.

Ordentlich auch hier die zusammengefegten Blätterbetten in der Ecke. Zizidee suchte alles durch – aber kein Hütchen. Er weckte nur einen Tausendfüßler auf, der es sich in den Blättern bequem gemacht hatte. Ärgerlich vor sich hin schimpfend lief dieser eilig davon.

Einige Baum-Elfen schliefen noch, und vorsichtig schaute Zizidee unter alle Polster; aber auch hier kein Blumenhütchen. Leise huschte Zizidee wieder hinaus.

Im nächsten Raum erwachten gerade die Sträucher-Elfen und schauten erstaunt den Blumen-Elfen an, der durch ihre Reihen geisterte und überall nach seinem Hütchen suchte. Eilig wurde er hinausgescheucht, hier sei bestimmt kein Blumenhut, und außerdem solle er gefälligst besser aufpassen!

Zizidee seufzte: Sträucher-Elfen waren immer sehr unhöflich mit ihm – vor allen Dingen, wenn er die Ranken seiner betreuten Pflanzen an ihren Sträuchern festmachen wollte. Da schlugen sie mit ihren Zweigen nach ihm und wollten es nicht zulassen.

„Deine Ranke erstickt mich ja", beschwerten sie sich. Nun ja, er mußte es zugeben, manchmal überwucherte so eine Rankenpflanze den ganzen Strauch, und da hatten die Sträucher-Elfen viel, viel Arbeit, um sie vor dem Ersticken zu bewahren.

Aber so unfreundlich brauchen sie ja auch nicht zu sein, dachte Zizidee.

Die traurige kleine Raupe –
die aber keine war

Die nächste Kammer war der Schlafraum der Schmetterlingspuppen, die hier ihrem wunderschönen seligen Flattersommer entgegenträumten. Da und dort sah er schon etwas Farbiges sich durch die Hüllen bewegen.

Leise trat der kleine Blumen-Elf näher. Er beugte sich vorsichtig über einen Kokon, um etwas besser sehen zu können. Bewundernd schaute er die bunten Flügel an, die sich schon durch die Umhüllung abzeichneten, wenn sie auch noch ganz zusammengefaltet waren.

Er ging von Kokon zu Kokon – und er sah die verschiedensten Farben sich regen. Zizidee freute sich schon auf das bunte Gegaukel über den Blumenkelchen.

Ganz, ganz hinten in der dunkelsten Ecke lag eine dicke Raupe und schluchzte leise. Zizidee kam näher und fragte, warum sie weine.

„Ich – ich – ich ha-habe vergessen, wie-wie man den Kokon macht", schluchzte sie. „Ich möchte doch auch gerne ein schöner Schmetterling werden, oh, oh, oh!"

Dem Blumen-Elfen tat die kleine Raupe leid. „Weißt du es denn gar kein bißchen mehr?" wollte er wissen. „Nein", schniefte die Raupe, „kein bißchen mehr!"

Irgendwo aus einem der Kokons kicherte es: „Sie war schon immer ein bißchen blöd und fett!"

Empört drehte sich Zizidee um – aber alle Kokons lagen ruhig da, er wußte nicht, woher diese freche Bemerkung gekommen war.

Er nahm die Raupe auf den Arm und tröstete sie: „Ich bringe dich jetzt zur Ober-Elfe, die wird sicher einen Rat für dich wissen!" Dankbar nickte die Raupe und ließ sich mitnehmen.

„Was tust du denn hier bei uns?" fragte die Raupe den Elfen. Da erzählte ihr Zizidee, was er sucht, und er war sehr traurig dabei. „Ich hoffe, du findest dein Hütchen bald", tröstete ihn nun ihrerseits die Raupe.

Vor dem Schlafraum der Käferlarven trafen sie die Ober-Elfe. Erstaunt betrachtete sie Zizidee mit der Raupe auf dem Arm. Er erzählte nun der Ober-Elfe den Kummer der Raupe, und diese nickte traurig mit dem Kopf.

„Ich bin schon seit vorletztem Sommer hier unten", klagte die Raupe, „und es will mir einfach nicht gelingen, mich in einen Kokon zu hüllen wie die anderen Raupen." Dicke Raupentränen quollen ihr aus den Augen.

Die Ober-Elfe nahm Zizidee die Raupe ab und streichelte sie. Dann schaute sie sie genauer an und rief: „Du bist ja gar keine Schmetterlingsraupe, du bist ein Engerling – du wirst einmal ein wunderschöner Hirschkäfer mit einem mächtigen Geweih! Du hast in der falschen Schlafkammer geschlafen! Hier, bei den Käfern, da ist dein Bett für den Winter gewesen!"

Die Raupe war sprachlos, und auch Zizidee schaute erstaunt. Nun sah auch er sich die Raupe ganz genau an. Ja, sie sah tatsächlich etwas anders aus als die anderen Raupen: Sie hatte vorne sechs winzige Beinchen und hinten ein dickes Hinterteil. Kein Wunder, daß die anderen Raupen sie für dick hielten.

Und Engerlinge, das weiß doch jeder hier im Naturreich, bleiben zwei bis drei Jahre in der Erde und werden dann zu Käfern der verschiedensten Art.

Der kleine dicke Engerling strahlte. „Meinst du wirklich, ich werde einmal zu einem so wunderschönen Hirschkäfer mit dem mächtigen Geweih?" fragte er glücklich die Ober-Elfe. Diese nickte lächelnd.

„Komm", sagte sie freundlich, „ich bringe dich nun in deine richtige Schlafkammer – und nun ist auch dein Warten hier in der Erde zu Ende – noch in diesem Jahr wirst du als stolzer Hirschkäfer nach oben gekrabbelt kommen!"

„Oh, danke", konnte der Engerling nur noch flüstern. Er war so glücklich! Die Ober-Elfe brachte ihn nun in die Schlafkammer der Käfer, wo noch alles tief und fest schlief. Behutsam legte sie den kleinen Engerling in sein Bettchen aus Erde und Blättern. Selig lächelnd schlief dieser sofort ein und träumte von einem stolzen Hirschkäferleben.

Zizidee freute sich, daß der Engerling nun glücklich war. Aber gleich wurde sein Gesicht wieder traurig, als er an sein verschwundenes Hütchen dachte. Suchend wanderte er weiter und weiter.

Der Streit der Gras-Elfen –
Frau Spinne hilft

Schon von weitem hörte er lautes Geschrei und Gezanke. Immer näher kam er diesem Lärm. Natürlich, die Gras-Elfen waren es, wer anders konnte solch einen Lärm veranstalten? Belustigt schaute Zizidee durch die Tür. Da quirlte und purzelte es durcheinander, und alles schien sich zu raufen und zu zanken.

Zizidee machte einen langen Hals, um zu sehen, um was sich die Gras-Elfen da balgten. „Das ist meiner!" schrie eine. „Nein, es ist jetzt meiner!" schrie ein anderer, und so ging es hin und her. Zizidee kam langsam näher. Es erinnerte ihn so sehr an seine Zeit als Gras-Elfe. Nun war er ja viel älter und damit auch würdiger geworden.

Erhitzte Gesichter drehten sich ihm zu. Da stockte die ganze Elfenschar, und plötzlich, wie der Blitz, waren alle verschwunden. Nur noch zwei standen da wie die Kampfhähne, und keiner wollte dem anderen lassen, was sie da zwischen sich hin und her zerrten. Sie merkten nicht einmal, daß die anderen verschwunden waren. Nur noch einzelne Nasenspitzen und Augen sah man hinter den Bettchen hervorlugen.

Zizidee erstarrte vor Schreck. Was hatten die beiden zwischen ihren Händen und sah schon ganz zerfetzt aus? Sein wunderschönes Ackerwindenhütchen. Sein Hütchen! Sein mühsam erarbeitetes Blumen-Elfen-Hütchen. Er stürzte auf die beiden Gras-Elfen zu und entriß ihnen sein Eigentum.

Beide Elfen erstarrten vor Schreck. Plötzlich merkten sie, daß alle anderen verschwunden waren und sie nur noch allein dastanden.

„Woher habt ihr mein Hütchen?" schrie Zizidee empört. Wuttränen stiegen ihm in die Augen, als er das ramponierte Hütchen sah. Er versuchte, es zu glätten und schüttelte es vorsichtig aus. Die beiden Elfen standen noch immer starr vor Schreck.

„Er hat es genommen, als du geschlafen hast", zeigte der eine auf den anderen. „Nein!" schrie der wütend, „er hat es genommen!" Nun gingen beide aufeinander los und kratzten und bissen sich. „Du hast es genommen!" schrie der eine, „nein, du hast es genommen!" der andere.

Sein schlappes, zerknittertes Blumenhütchen vor sich hertragend, ging Zizidee traurig fort. Tränen liefen ihm über das Gesicht. Sein wunderschönes Blumenhütchen, wie sah es nun aus! Vorsichtig strich sein Finger wieder und wieder über die Falten und Knitter – aber nichts half.

Blind vor Tränen stolperte er beinahe über eine Waldspinne, die auch gerade aus dem Winterschlaf erwachte. „Oh, Verzeihung", murmelte Zizidee, „ich habe dich nicht gesehen." Die Spinne wollte schon anfangen zu schimpfen, da sah sie sein trauriges Gesicht, und sie erkundigte sich mitfühlend, warum er weine.

Wortlos zeigte ihr der kleine Elf seinen traurig herabhängenden Hut. „O weh", sagte die Spinne mitleidig, „der sieht aber schlimm aus. Komm, weine doch nicht", fügte sie hastig hinzu, als sie sah, daß Zizidees Tränen anfangen wollten zu fließen. „Ich habe eine Idee: Ich werde dir ein feines Netz spinnen, das legst du um deinen Hut – dann sieht man die vielen Knitterfalten nicht so sehr. Und das Netz gibt dem Hütchen auch noch Halt. Was sagst du dazu?"

Gespannt sah sie den Elfen an. Zizidee wischte sich mit der Hand über die Augen. „Das würdest du für mich tun?" fragte er hoffnungsvoll. „Meinst du, das geht?"

„Versuchen wir es", sagte die Spinne fröhlich. Und sie

spann und spann. Faden für Faden entstand ein feines Spinnengewebe. Vorsichtig wand Zizidee dieses um sein Hütchen. Da und dort war noch eine Lücke, und auch dort wurde noch ein Spinnenfädchen angesetzt. Dann war es fertig, und erwartungsvoll schaute die Spinne den Elfen an.

Der setzte sich vorsichtig das Blumenhütchen auf. Die Spinnenfäden hatten ihm wirklich Halt gegeben, und die vielen Knitterfalten sah man auch nicht mehr so sehr. Die Spinne freute sich.

„Vielen, vielen Dank, Frau Spinne", sagte Zizidee glücklich. „Du kannst dir auch in meinen Lianenranken den besten Platz im Frühling aussuchen!" Er schüttelte der Spinne vorsichtig ein Beinchen und sprang fröhlich davon. Endlich hatte er sein Hütchen wieder.

Fröhlich schwatzend kam ihm eine ganze Schar von Schneeglöckchen-Elfen entgegen. Alle hatten kleine Schaufeln in der Hand. Schneeglöckchen müssen nämlich aus dem Schnee geschaufelt werden, damit sie wachsen können. Die kleinen Elfen wärmten mit ihrem Atem die Wurzeln, und dann konnte die Pflanze anfangen, ihre zarten Blätter mit der Schneeglöckchenblüte nach oben zu recken.

Lachend winkten sie Zizidee zu. Sie freuten sich, daß er sein Hütchen wiederhatte. Aber keine hatte Zeit, sich die Geschichte des Wiederauffindens anzuhören – alles strebte nach oben auf die Erde. Lange genug hatten sie jetzt geschlafen und von der Ober-Elfe die letzten Anweisungen erhalten. Nun wollten sie endlich ihr Können unter Beweis stellen.

Etwas sehnsüchtig schaute Zizidee ihnen nach. Ach, wenn doch erst seine Zeit gekommen wäre, nach oben zu gehen und seine Rankenpflanzen zu betreuen. Nun ja, er mußte halt noch etwas warten. Als er zurück in seinen Schlafraum

kam, war dort schon Unterricht für die Blumen-Elfen. Gerade wurde den Buschwindröschen-Elfen beigebracht, wie sie ihre Pflanzen zu betreuen haben – denn sie waren die nächsten, die nach oben gehen sollten. Die Elfen für die Märzenbecher, Krokusse und Osterglocken waren auch schon ganz ungeduldig. Aber alles bewahrte Disziplin – jede wußte ja, daß keine zu früh nach oben durfte. Und schließlich waren sie ja geprüfte Blumen-Elfen mit viel Verantwortung und keine albernen Gras-Elfen mehr!

Aufmerksam verfolgten alle den Unterricht der Ober-Elfe. Als dann endlich das Schneeglöckchenläuten das Ende des Lernens anzeigte, wirbelte alles fröhlich durcheinander, und alle wollten von Zizidee wissen, wie er sein Blumen-hütchen wiederbekommen hatte.

Sie waren empört darüber, daß eine der Gras-Elfen offen-sichtlich hier in den Blumen-Elfen-Schlafraum eingedrun-gen war und das Hütchen gestohlen hatte! Unerhört!

Bewundernd sahen sich alle die Arbeit der Waldspinne an. „Es sieht wirklich fast wie neu aus!" rief Violetta, eine Veilchen-Elfe. Vorsichtig strich sie mit ihren zarten Fingern über das Spinnengewebe.

Der freche Fichten-Elf

Oben auf der Erde hatten sich die Schneeglöckchen-Elfen im Wald und auf den Wiesen verteilt und begannen, an den ihnen bekannten Stellen kleine Löcher in den Schnee zu graben. Die Sonne schien vom blauen Himmel und half durch ihre warmen Strahlen, diese zu verbreitern.

Die Schneeglöckchen fühlten die Wärme und reckten ihre Blätter nach oben. Da freuten sich die Elfen, und mit sanften Fingern zogen sie ein wenig nach und hauchten ihren warmen Atem darüber. Langsam, ganz langsam kam die Knospe nach oben.

Als es Abend wurde blieben die Elfen bei ihren Pflanzen sitzen und wärmten sie. Die Nächte waren noch sehr kalt. Doch am nächsten Morgen schien wieder die Sonne und wischte mit ihren warmen Fingern den Schnee weiter fort. „Meine Blüte öffnet sich", schrie begeistert am Mittag der Elf Bimmel. Die anderen Elfen schauten etwas neidisch. Der Platz vom Bimmel war auch besonders geschützt neben einer großen Fichte, dort kam kein kalter Windhauch hin.

Oben in dieser Fichte saß der Fichten-Elf und schaute herunter. Sachte schaukelte er hin und her. Und auf einmal schob er eine Ladung Schnee von dem großen Ast, auf dem er saß, nach unten – mitten auf den Schneeglöckchen-Elf und sein soeben erblühtes Schneeglöckchen. Wie der Blitz versteckte sich der Fichten-Elf.

Schimpfend arbeitete sich der Blumen-Elf aus der Schneelast nach oben. Wütend schaute er hoch. Aber er sah niemanden; er hörte nur ein leises Kichern. Erbost drohte Bimmel mit der Faust nach oben. „Warte!" schrie er. „Dich kriege ich noch!"

Aber erst mußte er sein armes Schneeglöckchen wieder

ausgraben. Das war eine mühsame Arbeit! Ganz geknickt lag es am Boden. Vorsichtig hob Bimmel es auf und stützte es. Er nahm ein herumliegendes Stöckchen und legte das Blumenköpfchen darauf. Dankbar sah ihn das Schneeglöckchen an.

Der Fichten-Elf turnte weiter durch die Zweige und befreite alle von der Schneelast. Beinahe fiel noch ein Haufen auf Bimmel – aber er ging glücklicherweise daneben. Wütend drohte der Elf nach oben – aber der Fichten-Elf lachte nur.

Er sprang weiter über die Zweige und schaukelte kräftig. Als alle Äste frei vom Schnee waren, massierte er sanft die Spitzen der Zweige und lockte langsam die neuen, jungen hellgrünen Triebe hervor. Das war eine mühsame Arbeit, bis so eine große Fichte von oben bis unten fertig war und im zarten Grün leuchtete.

Befriedigt betrachtete der Fichten-Elf seine Arbeit. Nun konnte er ein wenig ausruhen! Er legte sich im warmen Abendsonnenschein unter seinen Baum und schlief ein.

Na warte, dachte der noch immer erboste Schneeglöckchen-Elf. Er grub vorsichtig Würzelchen für Würzelchen seines Schneeglöckchens aus. „Wir wollen nur den Fichten-Elf ärgern", beruhigte er das aufgeregte Blümchen, „dann kommst du wieder in die Erde." Da kicherte das Schneeglöckchen und zog bereitwillig seine Wurzelbeinchen heraus.

Dann trug Bimmel es zu dem schlafenden Fichten-Elf und läutete ihm wie wild in die Ohren. Erschrocken fuhr der Fichten-Elf aus seinem Schlummer hoch. Aber er sah nur noch den lachenden Schneeglöckchen-Elf davonspringen. „Unerhört", ärgerte sich der Elf, „doch ich habe ihm ja auch einen mächtigen Schrecken eingejagt", erinnerte er sich. „Nun sind wir wohl quitt." Er rieb sich über die noch immer dröhnenden Ohren und brummelte sich in den Schlaf.

Der Schneeglöckchen-Elf trug kichernd über diesen gelungenen Streich sein Blümchen an die richtige Stelle und setzte es vorsichtig wieder in die Erde. Dem Schneeglöckchen brummte auch noch das Köpfchen von diesem schnellen Geschüttel. Aber es geschah dem Fichten-Elf ganz recht! Beinahe wäre es neulich ja vom Schnee erstickt worden!

Wohlig kuschelte es sich wieder in die Erde und kicherte noch im Schlaf.

Zizidee wird gefangen

Langsam wurde es immer wärmer draußen, und immer mehr Blumen-Elfen erschienen auf der Erde und lockten ihre Blüten heraus. Auch die Baum-Elfen waren nun fleißig an der Arbeit. Da und dort sah man schon zaghaftes Grün im Wald leuchten.

Das Heer der Gras-Elfen wimmelte überall herum und ließ das Gras an jeder freien Stelle wachsen.

Auch Zizidee war mit seinen Freunden bei der Arbeit und half den Winden und Ranken eine Stütze zu finden. Am Anfang machte ihm das viel Spaß, und er war wirklich fleißig. Aber je höher die Sonne kam und je wärmer es wurde, desto fauler wurde unser kleiner Elf. Er liebte es sehr, an verschwiegenen Plätzchen Ruhestündchen einzulegen, obwohl das streng verboten war. Wie sollten denn da die Ranken ihre Stütze finden!

So lag nun der kleine Blumen-Elf wieder einmal auf einer sonnigen kleinen Lichtung im Wald, schaute in den blauen Himmel, hörte dem geschäftigen Summen der Bienen und Hummeln zu und schlief ein. Und schlief und schlief.

Dicht neben seinem Schlafplatz stand eine Brombeerhekke, und die langen, dornigen Ranken krochen nun auf dem Boden weiter – denn niemand war da, sie zu befestigen, damit sie nach oben wachsen konnten.

„Warte nur", sagte die Brombeere leise, „dich habe ich jetzt!" Und unbemerkt von dem schlafenden Elfen rankte sie um ihn herum. Sie baute ein dichtes Netz, und die dornigen Zweige bohrten sich sogar durch seine Kleidung. Aber der Elf merkte überhaupt nichts.

Irgendwann nachts wachte er plötzlich auf. Der Mond schien ihm ins Gesicht und lachte ihn aus. Verwirrt wollte Zizidee sich aufsetzen, aber es ging nicht. Irgend etwas

hielt ihn fest! Er tastete um sich und fühlte Dornen ringsumher. Da konnte er auch im Mondlicht all die Ranken
sehen, die um seinen Körper geschlungen waren. Nun
bekam Zizidee aber einen Schrecken! Wie lange mußte er
geschlafen haben, daß die Ranken so wachsen konnten.
Er hatte seine Arbeit wieder einmal vernachlässigt.

Au! Das piekste ja ganz gemein! Die Brombeere schlief –
oder sie tat so, als ob sie schliefe. Kein Rütteln des Elfen
an den Ranken machte sie wach. O weh, nun mußte
Zizidee in dieser Gefangenschaft liegenbleiben.

Hoffentlich sah ihn niemand hier! Und er konnte sich kein
bißchen regen, er war wie eine Fliege im Spinnennetz
verschnürt! Tief seufzte der Elf. Was sollte er nur tun?

Am nächsten Morgen bat der Elf die Brombeere, ihn doch
bitte freizugeben. Aber die Brombeere schien ihn gar nicht
zu hören. Sie sprach mit ihrer Nachbarin, der Himbeere,
über kleine Blumen-Elfen, die ihre Arbeit nicht richtig
machen und lieber faul im Sonnenschein schlafen wollen.
Das war dem Elfen aber peinlich! Er wand und drehte sich
unter den dornigen Ranken – aber nur noch fester schnür-
ten sie ihn ein.

Auf diese kleine Waldlichtung kam auch sonst kein Elf. Da
standen nur die Brombeere und die Himbeere, und das
war ja Zizidees Aufgabengebiet. Hilflos lag er nun da den
ganzen Tag und die folgende Nacht. Dazu kam auch noch
ein heftiges Gewitter mit Sturm und Regen. Ach, der kleine
Elf war schon in einer sehr mißlichen Lage.

Doch am nächsten Morgen schien wieder die Sonne und
trocknete alles. Und noch mehr Ranken waren um ihn
herum gewachsen. Verzweifelt rief er nun um Hilfe. Jetzt
war es ihm egal, wer ihn finden würde. Nur heraus aus
dieser dornigen Umklammerung!

„Hilfe, Hilfe!" tönte es erst ganz leise, dann immer lauter
durch den Wald. „Hilfe, Hilfe!"

Aber niemand hörte ihn. Die Baum-Elfen der umstehenden Bäume sahen wohl, daß er dort unten gefangen lag, aber keine hatte Lust, in die Dornen zu steigen, um ihn zu befreien. Und – hatte er nicht selbst Schuld an seiner verzweifelten Lage? So verspotteten sie noch den kleinen Elfen und äfften seine Hilferufe nach.

Die Rettung naht

Zizidee weinte nun laut. Und diesen Krach der Baum-Elfen und das laute Weinen hörte doch jemand. Dieser Jemand war niemand anderes als die ehemals kleine Raupe, die doch ein Engerling war und nun als stolzer Hirschkäfer nach oben gekrabbelt kam. Ein mächtiges Geweih schmückte den Kopf, und raschelnd kam er näher und näher.

Der Blumen-Elf erstarrte vor Schreck. Was kam da auf ihn zu? „Hallo", sagte da eine vertraute Stimme, „bist du nicht der Blumen-Elf, der sein Hütchen verloren hatte?"

Erstaunt sah der Elf den Hirschkäfer an. „Raupe, kleine Raupe!" schrie er glücklich. „Wie schön du geworden bist!"

„Ja, nicht wahr?" Stolz drehte der Käfer sich um sich selbst, so daß der Elf ihn ganz und gar bewundern konnte. „Ja sag mal", meinte dann der Hirschkäfer, „wie kommst du denn in diese schlimme Lage? Du bist ja ganz und gar eingeschlossen von Dornenranken!"

„Ich bin einfach eingeschlafen", flüsterte der Elf verzagt, „und nun liege ich hier und kann nicht mehr fort. Kannst du mir helfen?"

Der Hirschkäfer besah sich die ganze Sache. „Ich will es versuchen, lieber Elf", meinte er dann. Und er begann, Ranke für Ranke mit seinem mächtigen Geweih an die Seite zu schieben. Die Brombeere war sehr ärgerlich darüber, aber gegen seine Kraft konnte sie nichts machen!

So nach und nach befreite der Hirschkäfer nun den armen Zizidee. Es dauerte viele Stunden. Dann endlich war die letzte Ranke aus Zizidees Kleidern gelöst, und befreit sprang der Elf auf. Er umarmte den Hirschkäfer und dankte ihm herzlich.

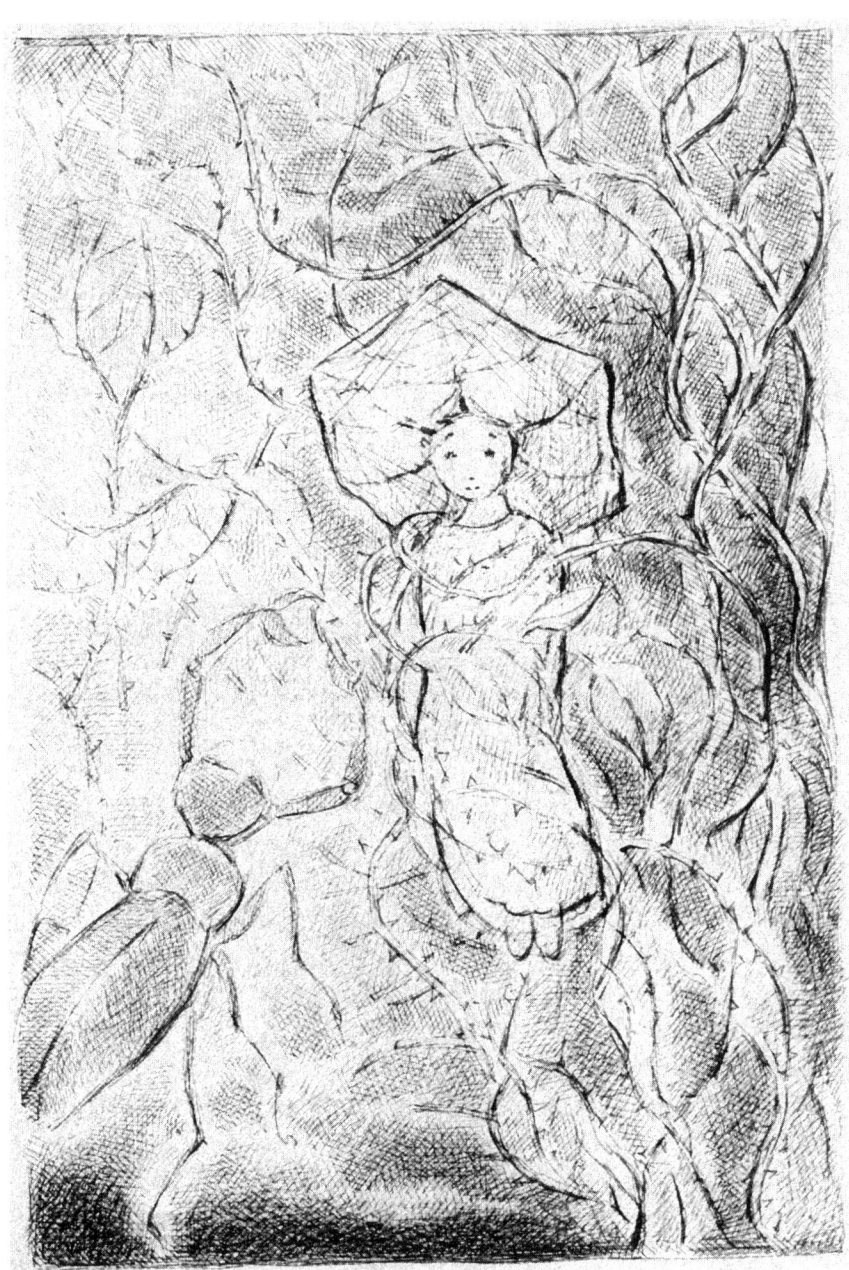

„Ja", sagte dieser, „das habe ich gerne für dich getan. Du hast mir damals doch auch geholfen, als ich in der falschen Schlafkammer lag!"

Soeben gaukelte ein gelber Schmetterling vorbei. „Schau nur", sagte der Hirschkäfer, „wenn ich einer von denen da gewesen wäre, hätte ich dir nicht helfen können! Die sind ja viel zu schwach dazu."

„Ich bin ja so froh, daß du vorbeigekommen bist. Danke, lieber Hirschkäfer", sagte Zizidee nochmals. „Nun muß ich aber schnell meine ganze Arbeit nachholen, die ich versäumt habe. Hoffentlich merkt es niemand!" setzte der Elf bekümmert hinzu.

Gutmütig half der Hirschkäfer noch, die Brombeer- und Himbeerranken zu befestigen.

„Ich verschlafe nicht noch einmal", versprach der Elf. Gnädig nickte die Brombeere, und die Himbeere meinte: „Das ist dir ganz recht geschehen!"

Der Elf streckte der Himbeere die Zunge heraus – als sie mal nicht in seine Richtung schaute. Himbeeren sind immer so eingebildet, dachte er bei sich.

Dann war diese Arbeit getan, und schnell flog der Elf zu seinen anderen Ranken und Winden. Oh, da war auch einiges verwuchert; er hatte nun doppelte Arbeit damit. Und die Sträucher-Elfen schimpften ganz fürchterlich mit ihm, wo er denn die ganze Zeit gewesen wäre.

Zizidee arbeitete schweigend, so schnell er konnte. Besonders die Ackerwinden schauten ihn vorwurfsvoll an. Von ihnen hatte er doch sein schönes Hütchen bekommen – und wie dankte er es?

Der arme Blumen-Elf mußte sich auch da so allerlei Unerfreuliches anhören.

Aufatmend und völlig erschöpft saß er abends auf einem Stein und ruhte sich aus. Dies hier war sein Lieblingsplatz, am Ufer eines kleinen Waldteiches. Helle Birken umstanden das Wasser, und am Ende des Teiches floß ein kleiner Bach ab. Das Wasser war ganz dunkel – nur der Sonnenschein erhellte die Oberfläche. Besonders liebte der Elf den Teich bei Nacht. Der Mond ließ dann das Wasser wie flüssiges Silber ausschauen, und alle Sterne spiegelten sich in der stillen Oberfläche.

Der verbotene Flug über den Teich

Gerade ging die Sonne unter, und das Wasser des Teiches leuchtete rot-orange. Plötzlich schwirrte Zizidee etwas um den Kopf und ließ sich neben ihm nieder.

„Hallo, Violetta!" begrüßte er überrascht die Veilchen-Elfe.

„Hallo, Zizidee", sagte sie vergnügt. „Ist das hier ein schöner Platz!"

„Ja", meinte Zizidee, „das ist hier mein Lieblingsplatz. Da kann man den ganzen See überblicken."

Verträumt flüsterte Violetta: „Ich würde so gerne einmal über den See fliegen wie die wunderschönen Libellen. Aber leider ist es uns verboten! Warum dürfen wir hier nicht über das Wasser fliegen? Weißt du etwas darüber?" Gespannt sah sie den Elfen an.

Zizidee schüttelte den Kopf. „Nein", sagte er bedauernd, „das weiß ich auch nicht; aber ich würde es gerne wissen! Die Einzigen, die hier herausfliegen dürfen, sind die Elfen der Wasserrosen – und die sind sehr lange auf diese Aufgabe vorbereitet worden."

„Wollen wir nicht einmal ein kleines bißchen über das Wasser fliegen?" drängte Violetta. „Alleine traue ich mich nicht – aber mit dir schon!"

Zizidee war stolz, daß die Veilchen-Elfe so viel Vertrauen in ihn setzte. Aber er zögerte. Er wollte nicht schon wieder etwas tun, was verboten war! Sehnsüchtig sah er den flinken Wasserrosen-Elfen nach, die eilig hin und her flogen und die ihnen anvertrauten Blüten über die Nacht schlossen.

Es müßte doch herrlich sein, einmal übers Wasser zu fliegen! „Komm", drängte Violetta, „nur ein kleines biß-chen!"

„Warte noch eine Weile", bat Zizidee, „sonst verpetzen uns

die Wasserrosen-Elfen! Du weißt, sie sind sehr stolz auf ihre Bevorzugung, übers Wasser fliegen zu dürfen."

„Jaja, du hast recht", lenkte Violetta ein, „das wollen wir lieber nicht riskieren."

So saßen dann beide da und warteten, bis die Wasserrosenköpfchen alle geschlossen waren für die Nacht. Da und dort huschte noch eine Elfe über die breiten Blätter – und dann waren alle fort. Sie hatten sich für die Nacht in einer Blüte versammelt und schliefen dort auf dem Wasser bis zum Morgen.

Zizidee reckte seinen Hals und schaute ringsumher. Stille war es dort am Waldteich, und die Sonne war lange untergegangen. Leichte Nebelschwaden stiegen hoch. Silbern leuchteten die Stämme der Birken.

„Ist das schön hier", flüsterte die kleine Elfe. „Komm, laß uns einen kleinen Rundflug machen." Zizidee war es nicht so ganz geheuer, über den See zu fliegen, denn das war für Elfen hier streng verboten. Aber niemand hatte ihnen gesagt, warum es verboten war.

Beide schauten nochmals in die Runde. Niemand war zu sehen. „Los, komm", drängte Violetta, „bevor es noch dunkler wird." Sie faßten sich an den Händen und flogen erst vorsichtig am Rand entlang, aber dann immer weiter hinaus, bis sie nur noch Wasser unter sich sahen. Wie im Spiegel flogen unter ihnen ihre Schattenbilder.

„Ist das herrlich", flüsterte Zizidee, „warum nur ist es verboten?"

Violetta riß sich jetzt los und sauste in kunstvollen Figuren über das Wasser.

„Komm zurück!" rief Zizidee erschrocken. Wenn sie nun hineinfiele! Aber Violetta lachte nur und flog hoch hinauf und im Sturzflug wieder nach unten, drehte und wendete sich und machte sogar einen Überschlag!

Nun wurde Zizidee auch mutiger, und zusammen flogen

beide immer kunstvollere Figuren – es war ein Heiden-spaß!

Völlig erschöpft saßen sie später wieder im Gras. „Das machen wir morgen abend wieder, ja?" bettelte Violetta.

„Nun", Zizidee zögerte etwas, „wenn niemand etwas gemerkt hat, dann können wir es morgen ja noch einmal versuchen. Es hat mächtig viel Spaß gemacht."

Die kleine Elfe klatschte vor Freude in die Hände. „Dann bis morgen, hier an dieser Stelle", verabschiedete sie sich.

Zizidee winkte ihr hinterher. Er saß noch eine Weile an dem stillen Teich, dann flog auch er in den Wald und suchte sich ein stilles Plätzchen zum Schlafen.

Noch ein verbotener Flug –
mit schlimmen Folgen

Am nächsten Morgen beeilte sich der kleine Lianen-Elf sehr, seine Arbeit schnell und gewissenhaft zu machen. Heute beklagte sich niemand bei ihm – wenn auch eine freche Brombeerranke an seinem Anzug zupfte. Aber schnell ergriff er sie und befestigte sie wieder.

Er summte ein kleines Elfenlied vor sich hin und freute sich auf den Abend. Er war noch ein wenig müde – es war doch recht spät gewesen, gestern abend. Aber was hatten sie für einen Spaß gehabt!

Er fragte noch einige andere Blumen-Elfen, die er traf, warum niemand über den Waldteich fliegen dürfe; aber keiner wußte es. Und eigentlich schien sich kein anderer dafür zu interessieren.

Bald war der Abend gekommen, und Zizidee saß ungeduldig wartend am Rande des Teiches. Da kam fröhlich lachend Violetta angeflogen, ihre Flügel leuchteten im Abendsonnenschein, und ihr zartlila Kleidchen flatterte im Wind. „Du bist sehr hübsch", sagte Zizidee zu ihr. Die kleine Veilchen-Elfe errötete. „Danke", sagte sie lächelnd, „ich finde dich auch sehr gut aussehend mit deinem schönen Ackerwindenhütchen!"

Zizidee war etwas verlegen. So saßen sie dann einträchtig nebeneinander und warteten, daß die Seerosen-Elfen endlich mit der Arbeit fertig würden.

Kaum war die letzte Elfe in der Seerose verschwunden und die Blüte ganz geschlossen für die Nacht, da schwangen sich die beiden Elfen hoch und sausten über das Wasser. Hoch hinauf und im Sturzflug wieder hinunter – hei, das war ein Vergnügen! Ab und zu streiften die Füße das Wasser, und eine Fontäne spritzte hoch.

„Iiih!" Da schüttelten sich die beiden, das war kalt und naß! Sie lachten und jubelten vor Freude.

In der Seerosenblüte auf dem Wasser, in der die Elfen schliefen, erwachten einige und lauschten nach draußen. Was war das nur für ein ungewöhnlicher Lärm? Das hörte sich ja nach Elfenlachen an.

Vorsichtig bog eine ein Blütenblatt nach außen und schaute. „Kommt mal schnell her", rief sie, „da fliegen zwei Blumen-Elfen mitten in der Nacht über den Teich!"

Alle kamen nun aus dem Schlaf hoch und schauten mit nach draußen. Erschrocken saßen alle da. Es war doch streng verboten, über den Teich zu fliegen, das war doch sehr gefährlich für Elfen!

Ratlos schauten sie sich an. Was sollten sie nur tun? Die Älteste rief nach draußen: „Fliegt sofort nach Hause, hier dürft ihr nicht spielen! Es ist gefährlich für euch!"

Aber die beiden lachenden Elfen waren viel zu sehr beschäftigt, um sie zu hören. Da schlossen die Seerosen-Elfen wieder ihre Blüte und hofften, daß alles gutgehen möge. An Schlafen war jetzt nicht mehr zu denken, alles lauschte nach draußen.

„Schau, was ich kann!" schrie Violetta. Sie legte sich auf den Rücken und flog so in Rückenlage über den See. „Vorsicht", schrie Zizidee, „du fällst gleich ins Wasser."

Und es kam, wie es kommen mußte: Die kleine Elfe verlor das Gleichgewicht, die Flügel tauchten so tief ins Wasser ein, daß sie nicht mehr hochkam, und mit einem schrillen Schrei versank Violetta im See.

„Violetta, Violetta!" schrie Zizidee verzweifelt. „Wo bist du?" Keine Antwort, nur der Wasserspiegel kräuselte sich, und ihm war, als ob er einen fernen Hilfeschrei hörte.

Zizidee flog noch hin und her; aber keine kleine Elfe war

zu sehen. „O du Großer Beschützer-Elf, hilf ihr", flüsterte der entsetzte Zizidee. Er flog zum Ufer, setzte sich ins Gras und weinte bitterlich.

Draußen auf dem See, in der Seerose, hockten die Elfen zusammen und trauerten um die kleine Elfe, die nun ins Wasser gefallen war. Wer konnte ihr nur helfen?

Wo ist Violetta?

Wie erging es Violetta? Die kleine Elfe sank tiefer und tiefer und war ohnmächtig vor Schreck! Eiskaltes Wasser umschloß sie mehr und mehr, und es war stockfinster.

Als sie wieder zu sich kam, lag sie auf einem weichen Moosbett, und ein besorgtes Elfengesicht beugte sich über sie. Violetta schaute verständnislos die Elfe an.

„Wo bin ich hier?" fragte sie mit kläglicher Stimme. Sie war doch gerade noch mit Zizidee über den See geflogen, dann streiften ihre Flügel das Wasser, und schon war sie versunken. Aber wo war sie jetzt?

Die Elfe lächelte sie traurig an. „Du bist im Unterwasserbereich des Grünen Drachen gelandet. Der wartet seit Jahren auf solche wie dich und mich. Wir müssen ihm unsere Flügel geben – sonst kommen wir nicht mehr nach oben an die Sonne."

Erschrocken griff die kleine Elfe nach hinten. „Wo sind meine Flügel?" schrie sie entsetzt.

„Die hat dir die Kröte abgenommen", erzählte die traurige Elfe. Inzwischen waren immer mehr Elfen ohne Flügel hereingekommen.

Violetta setzte sich auf und konnte es kaum glauben, was sie sah: lauter Blumen-, Sträucher- und Baum-Elfen, alle ohne Flügel. Und sie sah da und dort auch jemanden, den sie von früher kannte und der eines Tages verschwunden war. Ja, nun wußte sie, wo alle geblieben waren!

„Seid ihr alle über den See geflogen?" fragte sie verzagt.

„Ja, ja", alles nickte bekümmert mit dem Kopf. „Deshalb ist es auch verboten, weil immer wieder Elfen verschwinden. Nur die Seerosen-Elfen haben extra starke Flügel, damit können sie sich auch schnell aus dem Wasser herausheben, falls sie einmal hineinfallen", sagte die eine Elfe.

Wofür der Grüne Drache
Elfenflügel braucht

„Wofür braucht der Grüne Drache denn all die Elfenflügel?" fragte nun Violetta. Sie konnte sich noch immer nicht beruhigen, daß sie nun ohne ihr Fortbewegungsmittel war. Eine Elfe ohne Flügel ist doch keine Elfe, dachte sie empört.

„Ja", erzählte nun eine der Elfen, „seit vielen, vielen Jahrhunderten lebt hier im See schon der Grüne Drache. Er konnte nicht nur im See schwimmen, sondern auch mit seinen Flügeln, die er damals noch hatte, über Feld und Wald fliegen. Das ärgerte den Blauen Drachen furchtbar, denn dieser hatte keine Flügel. Er wohnt hinter den hohen Bergen, die weit, weit hinter unserem Wald beginnen.

Neidisch sah nun der Blaue Drache ohne Flügel immer wieder über sich den Grünen Drachen fliegen. Ungeniert drang dieser in seine Berge ein und ärgerte damit den Blauen Drachen.

Eines fernen Tages nun machte sich der Blaue Drache auf den Weg und kam nach jahrelangem Laufen hier an, wo der Grüne Drache wohnt. Dort lauerte er dann im Gebüsch. Eines Tages hatte er Glück. Der Grüne Drache schlief nach einem langen Flug erschöpft hier am Rande des Teiches ein.

Leise schlich sich der Blaue Drache näher und sang ihm ein uraltes Drachen-Schlaflied ins Ohr. Da versank der Grüne Drache in einen tiefen, tiefen Schlaf, aus dem er erst viele, viele Tage später erwachte.

In der Zwischenzeit, als er fest schlief, nahm ihm der Blaue Drache die Flügel ab und flog damit davon in sein

Reich. Die alten Baumherren sollen alle gezittert haben von dem Gelächter, das der Blaue Drache losgelassen hatte.

Der kleinen Elfe wurde es ganz mulmig ums Herz. Erschrocken schaute sie in all die traurigen Gesichter ringsumher. Alle kannten ja die Geschichte, aber sie wurde jeder neuen Elfe erzählt, die hier landete.

„Und was macht der Grüne Drache nun mit unseren Flügeln? Die sind für ihn doch viel zu zart", wollte Violetta wissen.

„Natürlich", sagte die andere Elfe, „ein paar Flügel wären auch zu wenig – deshalb sind ja so viele von uns hier unten! Viele Flügel braucht der Grüne Drache, viele, viele Elfenflügel!"

„Du wirst den Drachen nachher sehen können, er hat schon Hunderte von Elfenflügeln an seinem Körper mit Krötenspucke festgeklebt; aber noch immer reicht es nicht zum Fliegen!"

„Komm mit uns, wir zeigen dir den Grünen Drachen", sagte die Elfe. Sie nahm Violetta bei der Hand, und alle gingen mit. Fliegen konnte ja keine mehr!

Nach einem langen, dunklen Gang kamen sie in eine große Höhle. Grünlich schimmerte es von allen Seiten, und ein seltsamer Geruch stieg hoch. Violetta hielt sich die Nase zu und konnte kaum atmen vor Gestank. Sie war ja nur den zarten Veilchenduft gewohnt.

„Jaja", nickte die Elfe traurig, „für uns riecht es hier ganz fürchterlich!" Alle hielten sich nun die Nase zu.

„Da, da unten – schau, da liegt der Drache", flüsterte die Elfe. Vorsichtig beugte sich Violetta vor. Vor Schreck zuckte sie zurück. „Oh", keuchte sie, „wie schrecklich er aussieht." Sie sah einen langen, vorn spitz zulaufenden Kopf mit zwei großen Augen und spitzen Ohren; der kurze Hals ging über in einen schuppenbedeckten Körper mit vier plumpen Beinen. Hinten peitschte ein langer Schwanz hin und her.

Und all die zarten Flügel auf seinem grünen Leib!

Die anderen nickten traurig. „Nun siehst du es mit eigenen Augen", klagten sie.

Nochmals spähte Violetta nach unten. Und dann sah sie auch ihre Flügel dort unten kleben, fast am Schwanzende des Drachen. Tränen kullerten ihr über die Wangen. „Meine schönen, schönen Flügel", weinte sie.

Alle anderen trösteten sie. „Schau", sagten sie, „unsere Flügel sind auch dort angeklebt! Aber eines Tages bekommen wir sie zurück, das hat uns der Drache versprochen! Er ist nicht so schlimm, wie er aussieht! Er ist nur eben ganz traurig, weil der Blaue Drache ihm die Flügel gestohlen hat! Und wenn er seine eigenen Flügel zurückbekommen hat, dann schenkt er uns unsere wieder zurück", erzählte eine der Elfen. Es war eine Birken-Elfe – Violetta sah es an ihrem weiß-grünen Anzug.

„Wie viele Flügel braucht er denn noch?" fragte Violetta verzweifelt. Sie konnte sich gar nicht damit abfinden, daß ihre Flügel nun Drachenflügel sein sollten.

„Er probiert es bei jedem Paar neuer Flügel aus, ob er jetzt fliegen kann", erwiderte die Elfe. „Und jedesmal hoffen wir, daß es klappt."

Unten, wo der Drache lag, entstand jetzt Bewegung, und die Elfen wichen in die hinterste Ecke zurück. „Er versucht es wieder", wisperten sie, und hoffnungsvoll schauten sie nach unten.

Der Grüne Drache holte tief Luft, und alle Elfenflügel vibrierten und fingen an zu schlagen. Ganz allmählich erhob sich der Drache vom Boden.

Die Elfen hielten den Atem an. Hatte der Drache endlich genug Flügel? Gespannt schaute alles nach unten. „Ich fliege, ich fliege", schrie der Drache und hob sich immer höher in die Luft. Und alle Elfenflügel flatterten immer schneller.

„Er fliegt, er fliegt!" schrien die Elfen begeistert. Endlich war wohl nun das Ende ihrer Gefangenschaft gekommen. Plötzlich gab es einen lauten Krach – und der Grüne Drache plumpste auf die Erde. Entsetzen ringsumher. „Er schafft es immer noch nicht!" weinten die Elfen. Verzweiflung erfaßte die ganze Gesellschaft.

Der Drache hockte traurig am Boden seiner Höhle. Noch immer nicht genug Flügel – gerade dachte er, daß alles klappt und er endlich fliegen kann; aber er war immer noch zu schwer! Wann würde die nächste Elfe hier ins Wasser fallen? Das könnte wieder Jahre dauern!

Die dicke Kröte, die ihm half, mit ihrer Spucke die Flügel anzukleben, tröstete den Grünen Drachen. „Es kommt sicher bald wieder eine unvorsichtige Elfe in den Teich!"

Traurig wanderte die Elfenschar durch den Gang zurück in ihre Wohnhöhle unter dem Teich. Keine sprach ein Wort, und alle ließen die Köpfchen hängen. Wann endlich konnten sie nur wieder nach oben? Wie mag es ihren Pflanzen, Blumen, Sträuchern und Bäumen ergehen, wenn sie so lange fort sind? Sicher sind viele gestorben oder krank! Wann kam die Rettung für sie alle?

Zizidee träumt und hat eine gute Idee

Der Blumen-Elf Zizidee war tief in Gedanken versunken. Er machte zwar seine Arbeit wie alle Tage; aber er war nicht ganz dabei. Er sprach auch nicht wie sonst mit den Ranken. Selbst das Zupfen einer Brombeerranke, die ihn necken wollte, merkte er nicht.

Wie konnte er Violetta aus dem See holen? Er schlief auch nicht sein übliches Mittagsschläfchen in der Sonne, sondern dachte unentwegt über die Rettung nach.

Zögernd näherte er sich abends dem Teich. Er mußte jetzt die Seerosen-Elfen fragen, ob sie wüßten, wo Violetta war. Die Elfen waren sehr bekümmert und schimpften mit ihm über den Leichtsinn, nachts über den See zu fliegen. Das sei doch für Blumen-Elfen streng verboten! Nur sie, die Seerosen-Elfen mit den starken Flügeln, nur sie dürften das.

Schweigend, mit gesenktem Kopf, hörte sich Zizidee alles an. Sie hatten ja so recht. „Bitte, helft mir, Violetta wiederzufinden", bat er leise, „ihr kennt doch den See genau und alle seine Geschöpfe."

Tuschelnd berieten sich die Seerosen-Elfen. Sie steckten ihre zartrosa Blütenhütchen zusammen.

Nach einer Weile – Zizidee wurde schon ganz ungeduldig – erzählte nun die Älteste die Geschichte vom Grünen Drachen und den Elfenflügeln. Sie wußte dieses von der Kröte, die den Drachen betreute. Ab und zu kam diese Kröte abends auf ein Seerosenblatt und schwatzte mit den Elfen.

Von ihr hatten sie auch erfahren, daß der Drache wohl nur noch ein Paar Flügel brauchte, dann könnte er endlich fliegen, und dann könnte er vom Blauen Drachen seine eigenen Flügel zurückbekommen. Ja, so war das!

Zizidee erstarrte vor Schreck. Die armen, armen Elfen dort unten tief im Teich! Ganz ohne Flügel schon seit Jahren, und seine hübsche Violetta nun auch! Er ging traurig zu seinem Schlafplatz und lag noch lange wach. Was sollte er nur tun? Wie konnte er helfen? Todmüde schlief er nach langer, langer Zeit endlich ein.

Er träumte von einem dunklen Teich und sah sich im Traum ins Wasser steigen. Dann sah er plötzlich den Drachen, von oben bis unten mit Elfenflügeln beklebt. Er stieg im Traum auf den Drachen, und beide flogen durch die Nacht zu den hohen Bergen . . . Da endete der Traum, denn die Sonne schien dem kleinen Elfen ins Gesicht.

Erschrocken fuhr er hoch, rieb sich die Augen und machte sich an seine Tagesarbeit. Aber er dachte den ganzen Tag an sein nächtliches Erlebnis. Es schüttelte ihn richtig, wenn er an den schuppigen Grünen Drachen dachte, auf dem er im Traum gesessen hatte. Aber der Gedanke ließ ihn nicht los. Ob es wirklich gehen würde? Der Drache brauchte doch nur noch ein Paar Flügel!

Alles wehrte sich in ihm. Nein, nicht auch noch seine Flügel!

Heute war er sehr unaufmerksam bei seiner Arbeit. Sogar sein Hütchen saß schief auf dem Kopf. Er bemerkte es nicht.

Selbst als sein Lieblingsvogel, die Meise, um ihn herumflog und „Zizidee, Zizidee, der Frühling ist da" sang, reagierte er nicht.

Gegen Abend dann hatte er endlich einen Plan gefaßt. Er besuchte die Waldspinne, die ihm damals sein Hütchen repariert hatte. Sie hatte sich zwischen Brombeerranken ein wunderschönes Netz gebaut. Fröhlich begrüßte sie den Elfen. Aber sein Gesicht blieb ernst, und kummervoll berichtete er, was sich zugetragen hatte.

Besorgt hörte ihm die Spinne zu. „Kann ich dir irgendwie

helfen?" fragte sie teilnahmsvoll. „Ja", nickte der Elf. „Ich habe eine Idee, und dazu brauche ich ganz dringend deine Hilfe!" Und er erzählte ihr, was er vorhatte. Die Spinne wiegte bedenklich ihren Kopf hin und her. „Aber das ist sehr gefährlich", sorgte sie sich, „aber ich werde dir natürlich helfen."

Der kleine Elf dankte ihr herzlich. „Ich komme morgen früh wieder", sagte er im Fortfliegen, „dann nehme ich dich mit zum Teich!"

Zizidee flog schnell zu einer Ackerwindenhecke, wo viele, viele Ackerwinden lebten und mit einem dichten Netz aus Ranken eine Hecke gebaut hatten. Zizidee hatte viel, viel geholfen, damit alle Winden einen guten Platz zum Wachsen fanden. Er wurde von den Blumen herzlich begrüßt. Sofort erzählte er ihnen allen von seinen Sorgen und bat sie herzlich, ihm mehrere Winden zu schenken. Die Blüten berieten untereinander.

Ja, sie waren einverstanden, und Zizidee erhielt die Erlaubnis, so viele Winden abzunehmen, wie er benötigte. Der Elf dankte allen herzlich, und behutsam löste er mehrere Winden ab und verflocht sie. Dann nahm er diesen Strick aus Ackerwinden mit zu seinem Schlafplatz.

Die Rettung hängt am Spinnenfaden

Am nächsten Morgen flog er mit dem Strick zu der Spinne und lud sie ein, auf seiner Schulter Platz zu nehmen. Vorher bat er noch einen anderen Blumen-Elfen, in der Zwischenzeit seine Ranken mit zu betreuen, bis er wieder zurück wäre. Der Blumen-Elf – es war ein Sträucher-Elf, übernahm diese Arbeit gern, denn es hatte sich in Windeseile herumgesprochen, was Zizidee vorhatte.

Dem kleinen Elfen klopfte das Herz, als er mit der Spinne und dem Ackerwindenstrick am Teich ankam. Er zögerte noch etwas. Die Spinne hatte ebenfalls noch immer große Bedenken und war sehr in Sorge um ihn.

Ein dicker Frosch saß am Ufer und quakte. „Du kommst mir gerade recht", rief Zizidee. „Bitte, blase deinen Kehlsack auf und mache mir eine schöne Luftblase! Ich muß hinunter in den Teich, und dann habe ich einen feinen Fahrstuhl!"

Der Frosch schaute mit großen Glubschaugen. „Du willst freiwillig hier hinunter in den Teich?" fragte er erschrocken. „Das ist gefährlich für kleine Elfen!"

„Ja, ja, ich weiß", sagte Zizidee ungeduldig. „Ich bitte dich herzlich, hilf mir! Ich möchte doch die Elfen retten!"

Der Frosch bekam noch größere Glubschaugen. „Ja, wenn das so ist", quakte er, „dann mache ich dir die schönste Luftblase, die du dir vorstellen kannst!"

Er blies seinen Kehlsack gewaltig auf – und brachte die größte Luftblase hervor, die er jemals gemacht hatte.

Inzwischen hatte die Waldspinne mehrere feste Fäden an dem Ackerwindenstrick befestigt und dann diese Fäden um einen dicken Stein gesponnen, der am Ufer lag. Nun hing der Strick ins Wasser. Zizidee zog daran – er hielt fest.

„Danke, liebe Waldspinne, und auf Wiedersehen!" Mit

diesen Worten hing sich Zizidee an den Strick, legte ihn in die Luftblase, stieg selbst hinein und ließ sich langsam in die Tiefe abwärts gleiten. Immer weiter rollte der Strick zwischen seinen Händen ab. Immer tiefer ging es in das dunkle Wasser. Es wurde immer finsterer. Fische kamen herbei, um das seltsame Gefährt zu bestaunen, und drückten ihre Mäuler gegen die Luftblase. Hoffentlich platzt sie nicht, dachte Zizidee. Fest umklammert hielt er den Akkerwindenstrick. Wie tief der See war!

Dann war er endlich unten angekommen. Und es war gut, daß er unten war, denn der Strick war auch fast zu Ende. Viel tiefer hätte er nicht mehr gereicht.

Er spähte hinaus. Grünliches Licht schimmerte um ihn herum. Ein Algenvorhang schwang hin und her. Vorsichtig teilte er die Luftblase und stieg nach draußen. Ein langer Gang tat sich vor ihm auf. Zögernd ging er weiter. Er spähte durch den Vorhang.

Niemand hatte sein Kommen bemerkt – auch die Kröte nicht, die immer die Elfenflügel den ohnmächtigen Elfen abnahm, die in den See gefallen waren.

Dann kam er in einen größeren Raum, und er sah lauter kleine Elfenbettchen stehen. Aber niemand war hier. Vorsichtig ging er weiter. Und wieder einen Gang entlang. Schon von weitem hörte er aufgeregte Stimmen sprechen. Er schlich sich langsam näher und näher. Dann sah er lauter Elfen, die mit dem Rücken zu ihm standen und über ein Geländer gebeugt nach unten sahen. Oh, wie traurig, dachte Zizidee, alle Elfen ohne Flügel! Die armen, armen Elfen!

Da drehte sich eine um, und mit einem kleinen Aufschrei stürzte ihm Violetta in die Arme. Alle anderen drehten sich nun auch um und betrachteten erstaunt Zizidee. „Aber er hat ja seine Flügel noch!" riefen sie durcheinander. Sie befühlten ihn und tasteten nach seinen Flügeln. „O

Zizidee, hat man dich auch gefangen?" schluchzte Violetta. Alle schauten ihn gespannt an. Wieso hatte er noch seine Flügel?

„Pst, seid leise", flüsterte Zizidee. „Ich bin hier freiwillig heruntergekommen, in einer Luftblase, und ich möchte euch alle nach oben holen!"

Ungläubiges Staunen ringsumher. „Wie kommen wir durch das Wasser nach oben?" flüsterten nun die Elfen. Alles drängte sich um Zizidee. Hoffnung breitete sich auf den Gesichtern aus. Endlich wieder die Sonne sehen dürfen! Und den Sternenhimmel! Und ihre Blumen, Sträucher und Bäume! Oh, wie herrlich wäre das!

Zizidee bat sie, in die Schlafkammer zu gehen. Aber vorher wagte er noch einen Blick über die Balustrade nach unten. Entsetzt betrachtete er den riesigen Grünen Drachen mit all den zarten Elfenflügeln auf dem Leib. Ihn schauderte es, als er an seinen Plan dachte. Aber nachdem er all die verzweifelten Gesichter gesehen hatte, die endlich Hoffnung hatten, nach oben zu kommen, ja, da faßte er wieder Mut. Der Große Beschützer-Elf wird mir helfen, dachte er zuversichtlich. Schnell flog er den anderen nach.

Eine aufgeregte Elfenschar erwartete ihn. Alle Türen wurden fest zugemacht, so daß niemand sie belauschen konnte. „Wie sollte nun die Rettung vonstatten gehen?" Violetta war sehr stolz auf ihren lieben Freund, der soviel riskierte! Ihre Augen strahlten ihn an.

Schnell war es still, als er zu sprechen begann: „Ich habe draußen vor der Höhle eine dicke Luftblase, in der ein Strick hängt. Und an diesem Strick müßt ihr euch nach oben ziehen. Es geht ganz leicht. Die Spinne hat ihn an einen dicken Stein am Ufer befestigt, der hält. Es können immer vier Elfen gleichzeitig einsteigen."

Große Aufregung ringsumher! Die Rettung war nahe!

51

Aber auch ängstliche Gesichter sah man hier und dort. Sie konnten es einfach nicht glauben, daß ihre lange Zeit hier unten zu Ende war.

„Und wenn der Strick nun reißt?" fragten einige ganz Ängstliche. „Nein, nein, der reißt bestimmt nicht", beruhigte sie der Elf, „es sind Ackerwindenranken, vierfach geschlungen, und die Winden wissen, daß sie für eure Rettung da sind. Sie sind stolz auf ihre Aufgabe. Ihr könnt euch ihnen ruhig anvertrauen!"

Helle Aufregung entstand, als Zizidee nun Vierergruppen einteilte. Immer zwei kleine und zwei große Elfen wurden nun zusammengestellt. Die großen sollten den Strick bedienen.

„Kommt nun", sagte Zizidee drängend, „es sind hier so viele, es dauert doch eine ganze Weile!"

Großes Gedränge begann nun. Jeder wollte der Erste sein.

„Ruhe bitte", rief Zizidee energisch. „Wenn ihr drängelt, dann platzt vielleicht die Luftblase, und niemand kann dann hoch!" Erschrocken hielten die Elfen stille.

„Die am längsten hier unten sind sollen die ersten sein", bestimmte Zizidee. Und dann immer der Reihe nach, zum Schluß Violetta, denn sie war ja die letzte hier!" – Seufzend fügten sie sich, und sogleich erstiegen die ersten vier Elfen das luftige Fahrzeug.

„Legt oben einen kleinen Stein hinein, wenn ihr ausgestiegen seid", bat der Elf, „sonst kommt die Blase nicht wieder nach unten!"

So wurde es gemacht, und schnell verschwand die Luftblase nach oben, und schnell war sie wieder unten, beschwert von einem kleinen Stein.

Nun ging es rauf und runter. Glückliche Elfen begrüßten Mutter Sonne und sprangen und tanzten wie kleine Flöhe auf der Wiese. Wie glücklich sie waren – wenn auch ihre Flügel noch gebraucht wurden – so waren sie doch endlich wieder auf der Erde und nicht mehr unter der Erde gefangen.

Immer mehr Blumen-, Baum- und Sträucher-Elfen versammelten sich auf der Wiese und begrüßten ihre lange vermißten Freunde und Freundinnen. Sogar die Gras-Elfen kamen angepurzelt und beteiligten sich an dem fröhlichen Wiedersehen.

Unter dem Teich wurde die Elfenschar immer kleiner. Nun waren nur noch vier Elfen einschließlich Violetta übrig. „Komm mit uns", drängte die Veilchen-Elfe, „es ist sicher noch Platz für einen fünften in der Luftblase." Zizidee schüttelte den Kopf „Es gehen wirklich nur vier hinein!"

„„Platsch, platsch, platsch" hörte man draußen vor der Tür. „Die Kröte kommt, die Kröte kommt", rief Violetta verzweifelt, „komm mit uns!" Sie packte Zizidee an der Hand und zog ihn mit sich zu der Luftblase. Entsetzen spiegelte sich in den Gesichtern. Es würde doch nicht ganz zum Schluß noch etwas schiefgehen?

Entschlossen schob Zizidee Violetta in die Luftblase. „Macht schnell", rief er ihnen zu, „ich halte die Kröte auf." Weinend streckte Violetta die Hände raus: „Komm, Zizidee, du bist sonst verloren!"

Aber die große Elfe in der Luftblase zog schon am Strick, und schnell glitt das luftige Fahrzeug nach oben. Zizidee blieb zurück und sah ihr nach. Sein Herz klopfte vor Aufregung.

Nun begann seine andere Aufgabe hier unten im Teich.

Zizidee macht dem Grünen Drachen einen aufregenden Vorschlag

Immer näher kam dieses „Platsch, Platsch, Platsch". Zizidee holte tief Luft und legte seine Hand auf das klopfende Herz.

Dann rüttelte etwas an der Tür. „Sofort aufmachen", blubberte die Kröte, „sofort die Tür öffnen!" „Wumm", krachte etwas dagegen. Und wieder: „Wumm! Platsch!" Zizidee schlich sich zur Tür und riß sie weit auf. Hineingeflogen kam vom eigenen Schwung die Kröte, die gerade voller Wucht gegen die Tür gesprungen war. Sie sauste durch die Öffnung und schlitterte auf ihrem Bauch bis zum Ende des Raumes. Völlig benommen drehte sie sich um und rieb sich die großen Glubschaugen.

„Wo sind die Elfen?" rief sie erstaunt. Nur noch einer war hier. Und dieser eine hatte noch seine Flügel! Unerhört! Die Kröte rieb sich noch einmal die Augen.

Sie hüpfte auf Zizidee drohend zu. „Wo sind die Elfen alle?" blubberte sie böse.

Zizidee lachte: „Sie sind fort", sagte er. „Sie sind alle nach oben auf die Erde, wo sie hingehören! Und nicht hier unten in Gefangenschaft! Alle sind fort!"

Die Kröte konnte das alles gar nicht fassen. Sie schaute unter alle Betten – aber niemand war mehr hier. Dann entdeckte sie plötzlich die Luftblase mit dem Strick darin, die schon wieder dort draußen vor der anderen Tür hing.

„Also damit sind sie geflohen", stellte sie grimmig fest. Sie hob einen Fuß und trat gegen die Luftblase. Bevor Zizidee „Nein! Nein!" rufen konnte, war die Blase mit einem leisen „Blubb" geplatzt.

Entsetzt schaute der Elf auf das Seil, das nun nutzlos im

Wasser hing. Triumphierend lachte die Kröte: „Ha, ha! Nun bist du hier unten gefangen! Du kommst mir gerade recht, ich brauche doch für den Drachen ein Paar Elfenflügel! Ein einziges Paar noch, dann kann er fliegen!"

Sie hüpfte auf Zizidee drohend zu und grabschte nach seinen Flügeln. Mit einer schnellen Bewegung wich der Elf aus. „Nein", rief er empört, „meine Flügel bekommst du nicht. Ich bin nicht ohnmächtig wie die anderen, deren Flügel du gestohlen hast – ich bin hellwach!" Und er rannte zwischen den Bettchen durch, und die dicke Kröte japste hinterher.

Hei, das machte dem Elfen Spaß! Immer, wenn die Kröte glaubte, daß sie ihn zu fassen bekam, hob er kurz vom Boden ab und flog über sie hinweg.

Wütend funkelte sie ihn mit ihren dicken Augen an. Aber es half nichts – sie bekam ihn einfach nicht!

Ganz erschöpft hockte sie sich zuletzt in eine Ecke und bekam kaum noch Luft. Zizidee lachte und lachte. „Wir spielen jetzt das Spiel so, wie ich es mir vorgestellt habe", sagte er. „Führe mich jetzt zu deinem Herrn, dem Grünen Drachen."

Der Kröte fielen fast die Augen aus dem Kopf. „Was", rief sie erstaunt, „du willst freiwillig zu dem Drachen gehen?"

„Ja", erwiderte der Elf, „ich muß mit ihm reden!"

Die Kröte saß völlig verdutzt da. Das hatte sie ja noch nie erlebt. Ein Elf, der noch immer seine Flügel hatte und freiwillig zum Drachen gehen wollte!

Nachdem sie sich ein wenig erholt hatte, hüpfte sie vor dem Elfen her in die Höhle, wo der Grüne Drache schlief. Nach seinen Flugversuchen war er immer furchtbar müde, und zudem war er heute besonders traurig – dachte er doch, daß er endlich, endlich genug Flügel zum Fliegen hatte! Und noch immer waren es nicht genug. Er war schon ein bedauernswerter Drache! Niemand sah es, aber

eine grüne Drachenträne rollte ihm aus dem Auge, als er nach dem vergeblichen Flugversuch wieder auf dem Boden lag.

Da hörte er von oben die atemlose Stimme der Kröte: „Herr Drache, Herr Drache, schau, wen ich dir hier bringe!"

Müde blinzelte der Drache. Dann riß er erstaunt seine Augen auf: Da kam ja ein Elf angeschwebt – ein Elf mit Flügeln! Er sprang auf und wollte ihn greifen – aber geschickt wich der Elf aus. Der Drache wurde ganz aufgeregt. Da war ja sein letztes Paar Flügel – und die mußte er bekommen! Er griff hierhin und dorthin, aber immer wieder war ihm der Elf entwischt.

„Du kannst mich nicht fangen!" rief der Elf, „ich bin zu schnell für dich!" Mit einer letzten Anstrengung sprang der Drache in die Höhe. Im letzten Moment entwischte auch hier wieder der Elf und flog elegante Kurven in der Luft vor der Nase des Drachen. Entnervt gab der Drache auf. Es waren sogar einige seiner Elfenflügel abgefallen bei den wilden Sprüngen. Die Kröte kam eilig herbei, spuckte auf die Flügel und klebte sie wieder an.

„Was willst du hier?" fragte der Drache ermattet. Nun hatte er keine Hoffnung mehr, bald fortzukommen. Die Flügel von diesem frechen Elfen hier bekam er jedenfalls nicht! Der war zu schnell! Ein tiefer Seufzer hob seine Brust. „Was willst du hier?" fragte er noch einmal müde. Zizidee hockte sich außer Reichweite der Kröte und des Drachen auf einen kleinen Felsensims. „Ich möchte dir helfen", begann er. Der Grüne Drache und die Kröte schauten verdutzt. „Ich möchte dir helfen, deine eigenen Flügel vom Blauen Drachen wiederzuholen!" sagte der Elf noch einmal.

Der Drache schüttelte seinen dicken Kopf. Hatte er das richtig gehört? Dieser freche kleine Elf will ihm helfen? Ihm, dem Grünen Drachen? Die Kröte stand noch völlig verblüfft da, in der einen Hand einen Elfenflügel, in der anderen Hand etwas Spucke zum Kleben. Auch sie traute ihren Ohren kaum. Der Elf wollte helfen? Nein, dachte sie, das muß ein Traum sein!

Da sagte auch der Drache: „Ich glaube, ich träume!" Er kniff sich in einen Fuß. Aua – das tat weh! Nein, er träumte offensichtlich nicht!

Der Elf schmunzelte. Er schwirrte dem Drachen vor der Nase hin und her und setzte sich dann wieder auf seinen Sims.

„Wie willst du mir denn helfen?" fragte der Drache erstaunt. Die Kröte klebte eilig den Elfenflügel fest und setzte sich erwartungsvoll hin, um zuzuhören.

„Paß auf, Grüner Drache", begann der Elf, „ich habe mir das so vorgestellt: Ich setze mich auf deinen Rücken und gebe dir durch meine Flügel Kraft für den Auftrieb, wenn du fliegen möchtest. Zusammen werden wir das bestimmt schaffen! Wir können es ja gleich einmal probieren!"

Die Kröte hielt den Atem an. Sollte es wirklich klappen?

Der Grüne Drache strahlte den Elfen an. „Das würdest du für mich tun? Drachenblut und Feuerspei! Das ist ja einfach wunderbar! Und du meinst wirklich, daß wir fliegen können?" Er konnte es immer noch nicht glauben.

„Ja, ja, wir versuchen es einfach!" rief der Elf begeistert. Die Kröte klatschte in die Hände. Sie hüpfte vor Freude auf und nieder.

„Komm herunter", rief der Drache, „das wollen wir sofort probieren! Aber sag mal", zögerte er, „warum tust du das eigentlich?"

„Ich möchte, daß die Elfen bald wieder ihre Flügel zurückbekommen", erklärte Zizidee, „alle sind sehr traurig, so ohne Flügel herumlaufen zu müssen. Wie sollen sie dann zu all ihren Pflanzen, Blumen, Bäumen und Sträuchern kommen, die schon lange niemand mehr betreut hat! Zu lange waren sie hier eingesperrt!"

Der Drache senkte beschämt den großen Kopf. „Ja, ich weiß", fauchte er leise, „aber ich brauche doch ihre Flügel! Ich gebe sie ihnen bestimmt wieder zurück, das verspreche ich; sowie ich meine eigenen wiederhabe."

„Das will ich hoffen", sagte Zizidee streng, „und deshalb bin ich hier, um dir zu deinen Flügeln zu verhelfen." Mit einem luftigen Satz war er dem Drachen auf den Rücken gesprungen, mitten zwischen all die Elfenflügel. „Nun zeig mir, was du kannst", schrie Zizidee laut.

Drachenblut und Feuerspei –
der Grüne Drache fliegt – juchhei

„Jetzt geht es los", schrie der Drache begeistert. Die Kröte machte einen Satz zur Seite und schaute mit staunenden Augen zu.

Dann begannen die Elfenflügel zu schlagen – immer schneller. Zizidee war fast nicht mehr zu sehen in der wirbelnden Pracht. Kräftig schlug er selbst mit den Flügeln, und langsam, ganz langsam erhob sich der Drache in die Luft.

Ängstlich schaute er sich nach Zizidee um. Der winkte ihm beruhigend zu: Alles in Ordnung – du kannst jetzt fliegen.

„Mach das große Tor auf, Kröte!" schrie der Drache. „Jetzt komme ich hier endlich heraus!"

Die Kröte hüpfte so schnell sie konnte und öffnete weit das große Tor. Immer schneller schlugen die Elfenflügel, und immer schneller schlug auch Zizidee mit seinen eigenen. Höher und höher erhob sich der Drache in die Luft. Etwas ängstlich schaute er nach unten. So weit vom Boden hatte er sich ja seit vielen Jahren nicht mehr befunden. „Ich glaube, mir wird schlecht", stöhnte er und sackte ein wenig nach unten ab.

Der Elf klopfte ihm aufmunternd auf den Hals. „Du wirst doch nicht jetzt schon schlappmachen", rief er besorgt. „Keine Bange, ich bin ja bei dir und helfe dir fliegen!" Der Drache ächzte und stöhnte, ihm war wirklich schlecht!

„Flieg, flieg!" schrie der Elf. Und die Kröte pustete ihren großen Kehlsack auf und blies von unten gegen den Drachenbauch. Das gab ihm wieder ein klein wenig mehr Auftrieb, und endlich kamen sie ins Freie.

Der Drache gewann immer mehr an Höhe, und ihm war

auch nicht mehr schlecht. Mit einem jubelnden „Drachenblut und Feuerspei – ich fliege, juchhei!" erhob er sich
immer höher in die Luft. Er drehte über dem Teich eine
Ehrenrunde, und dann hatte er soviel Selbstvertrauen
gewonnen, daß er immer höher und höher hinaus in den
blauen Himmel flog.

Die Elfenschar auf der Wiese beim Teich schaute erst
sprachlos nach oben – dann brach ein Jubel los, den man
bis hoch oben hören konnte: „Schau, da fliegt Zizidee mit
dem Drachen", riefen sie und winkten und sprangen umher. „Bald bekommen wir unsere Flügel wieder! Bald ist
aller Kummer vorbei."

Zizidee winkte ihnen zu – mußte sich aber gleich darauf
schnell wieder festhalten, denn der Drache flog vor Über-
mut sogar einen Salto! „Mein Hütchen – mein Hütchen!"
schrie der Elf erschrocken, denn bei dem Überschlag war
das Hütchen vom Kopf gefallen.

„Oh, Verzeihung!" rief der Drache. „Das haben wir
gleich!" Er drehte eine elegante Kurve und sauste abwärts,
um das nach unten taumelnde Hütchen einzuholen. Mit
einem gekonnten Bogen tauchte er so darunter her, daß
es genau auf Zizidees Kopf landete.

„Das hast du gut gemacht", lobte der Elf. Er war so froh,
sein Blumenhütchen wieder zu haben! Er zog es ganz fest
über seinen Kopf. Hier oben zieht es ja mächtig durch den
Flugwind, dachte er.

Und weiter ging der sausende Flug. Über Berge und Täler,
über Wälder und Flüsse, immer weiter den hohen Bergen
zu.

Unten sah ein kleines Mädchen den Drachen fliegen und
schaute ihm sehnsüchtig nach. Wie gerne wäre es mit ihm
geflogen! Und wie gerne hätte es das ihrer Mutter erzählt.
Aber ihre Mutter lachte sie nur aus und schalt sie eine
Märchenerzählerin, wenn sie ab und zu von Feen und

Zwergen sprach, die sie gesehen hatte. Sie konnte diese Wesen nämlich sehen – und das können nur wenige Menschenkinder. Ihre Augen und ihr Herz waren offen für die Wunder der Natur, und oft sprach sie im Garten mit den Wesen, die die Pflanzen betreuen.

Wenn ihr Vater den Rasen mähen wollte, erzählte sie es schnell den Gras-Elfen, die sich dann in Sicherheit bringen konnten. Blumen pflückte sie nie. Sollte sie für ihre Mutter Kräuter aus dem Garten für das Essen holen, dann bat sie vor dem Schneiden die Kräuter-Elfen um Erlaubnis, und die Elfen gestatteten ihr das gerne.

Niemand glaubte ihr, daß sie diese Wesen sehen und mit ihnen sprechen konnte. Das machte sie oft sehr traurig. Die Erwachsenen sind wirklich dumm, dachte sie dann. Der Birkenbaum-Elf, der vor ihrem Haus in einer wunderschönen Birke wohnte, tröstete sie dann.

„Als deine Eltern noch klein waren, haben sie uns auch gesehen", erzählte er dem staunenden Kind. „Aber wenn die Menschen größer werden, vergessen sie alles wieder. Du wirst uns sicher auch vergessen mit der Zeit!"

„Nie vergesse ich euch", antwortete das Kind mit Nachdruck. „Nie im Leben werde ich das vergessen!" Der Elf lächelte wissend. „Wir werden sehen!"

Der Drache und der Elf sahen das kleine Mädchen nicht. Ihre Augen waren nach vorne gerichtet zu den immer näher kommenden Bergen. Schnee glitzerte auf den höchsten Spitzen im Sonnenschein.

Der Gebirgsbach murmelt Zizidee eine aufregende Geschichte ins Ohr

„Ich muß eine Pause einlegen", japste der Drache, „ich bin das Fliegen überhaupt nicht mehr gewohnt!" Langsam schraubte er sich abwärts. Auf einer großen Wiese mitten in einem Wald landete er an einem kleinen sprudelnden Bach. Zizidee sprang leichtfüßig ab und trank ein Tröpfchen von dem klaren Wasser.

Dann horchte er. Der Bach murmelte so vor sich hin. Der Elf lauschte. Was erzählt er mir da? Immer lauter murmelte der Bach.

„Was ist los?" fragte erstaunt der Drache. „Warum horchst du so auf das Wasser?"

„Pst, sei still!" bat der Elf. „Ich höre dem Bach zu – er erzählt mir etwas – noch kann ich es nicht ganz verstehen." Der Drache lag müde da und ließ sich die Sonne auf den Rücken scheinen. Er schloß die Augen. Was interessierte ihn das Gemurmel des Baches! Fliegen ist herrlich – aber auch schrecklich anstrengend! Überall taten ihm die Muskeln weh! Oooh – er war soo müde – und schon war er eingeschlafen.

Der Elf horchte noch immer dem Wasser zu. Das war ja eine unglaubliche Geschichte! Nun hatte er alles verstanden. Ihm war, als ob das Wasser nun fröhlicher über die Steine hüpfte als vorher. Endlich hatte der Bach jemandem seine Geschichte ins Ohr murmeln können.

Aufgeregt rannte der Elf zum Drachen. „Ich muß dir etwas erzählen", rief er schon von weitem. Dann sah Zizidee, daß der Drache schlief. Alle Elfenflügel hingen schlaff zur Seite. „Wach auf!" schrie der Elf. „Wach auf!" Aber es half nichts, der Drache schlief und war nicht wach zu bekommen.

So setzte sich Zizidee geduldig auf einen bemoosten Stein und wartete, daß der Drache endlich erwachte. Er dachte über alles nach, was er soeben gehört hatte. Das wird den Drachen aber sehr interessieren.

Endlich, gegen Abend, erwachte der Drache und schaute erst verständnislos um sich. Wo war er hier? Dann erinnerte er sich an alles, und mit einem Freudenjuchzer hob er sich in die Luft – das heißt, er wollte sich erheben; aber da fehlte ja noch das Paar Flügel mit Zizidee.

„Komm schnell her", rief ihm der Drache zu, „wir fliegen weiter." Aber Zizidee mußte erst noch seine Neuigkeit loswerden: „Stell dir vor, was das Wasser mir erzählt hat", begann er. Der Drache schaute gelangweilt. „Was kann dir das Wasser schon erzählen?" fauchte er ungeduldig. „Es murmelt doch Tag und Nacht vor sich hin!"

„Ja", entgegnete bedeutungsvoll der Elf. „Aber das betrifft den Blauen Drachen – und damit auch dich." Nun hatte Zizidee die volle Aufmerksamkeit des Grünen Drachen. Wenn von seinem Feind die Rede war – ja, da wollte er wissen, was es für Neuigkeiten gibt!

Wie die kleine Meerjungfrau
in den Gletschersee kam

„Der Bach hier", begann der Elf seine Erzählung, „kommt aus einem kleinen Gebirgssee, hoch, hoch oben aus den Bergen, dort, wo der große Gletscher liegt. Und dort in dem Gletschersee lebt seit einiger Zeit eine kleine Meerjungfrau."

Der Drache bekam große Augen. „Wie kommt denn eine Meerjungfrau in den Gletschersee hoch in den Bergen?" fragte er.

„Warte", sagte der Elf, „ich erzähle es dir ja! Der Blaue Drache war einmal am Ufer des Meeres unterwegs, als er den Gesang einer Meerjungfrau hörte. Er versteckte sich, um lange, lange zuzuhören."

Der Grüne Drache klagte: „Mit meinen Flügeln war er unterwegs!" „Sei doch ruhig", bat der Elf nun ungeduldig, „die Geschichte geht doch weiter." „Ich bekomme immer Wut", knurrte der Drache, „wenn ich höre, daß der Blaue Drache mit meinen Flügeln unterwegs ist! Aber ich bin ja schon stille", setzte er eilig hinzu, als der Elf ihn wieder ermahnen wollte.

„Also, diese Meerjungfrau war so wunderschön und ihr Gesang so herrlich, daß der Blaue Drache sich entschloß, sie zu entführen und sie zu seiner Frau zu machen!"

Dem Grünen Drachen blieb das große Maul offenstehen. „Unerhört!" entfuhr es ihm. „Wirklich unerhört. Ein Drache mit einer Meerjungfrau! Wo hat es denn das schon gegeben? Er muß verrückt geworden sein! Drachenblut und Feuerspei!" Er wurde ganz aufgeregt, und kleine Rauchwölkchen stiegen ihm aus der Nase.

Zizidee wurde es richtig ein bißchen angst und bange.

„Beruhige dich", bat er den Drachen, „es geht noch weiter."

Der Grüne Drache stieß noch ein empörtes Rauchwölkchen aus und hörte dann wieder zu.

„Der Blaue Drache schnappte sich im Flug die kleine Meerjungfrau und trug sie in die Berge. Vor Entsetzen war sie eine ganze Zeit ohnmächtig. Doch dann kam sie wieder zu sich und sah, wo sie hingetragen wurde. Mit aller Kraft wehrte sie sich gegen den Drachen. Nein, sie wollte auf keinen Fall in die hohen Berge – da würde sie sterben! Sie brauchte doch Wasser zum Leben!"

Dem Grünen Drachen stiegen die Tränen in die Augen. „Die arme kleine Meerjungfrau", flüsterte er. „Ja", bestätigte der Elf, „die arme kleine Meerjungfrau! Sie wehrte sich so stark, daß der Blaue Drache das Gleichgewicht verlor – so geübt ist er ja auch nicht im Fliegen – und über dem Gletscher abstürzte. Dabei brachen nacheinander beide Flügel ab. Einer rutschte sofort nach unten in den Gletschersee."

„Was?" schrie der Grüne Drache entsetzt. „Meine Flügel sind abgebrochen und im See gelandet? Das muß er mir büßen!" Vor Wut heulend sprang der Drache auf und nieder. Feuer kam aus seinem Maul, und Zizidee flüchtete auf die nächstgelegene hohe Tanne. Aus sicherer Entfernung sah er zu, wie der Drache seine Wut austobte.

Allmählich beruhigte sich der Drache und legte sich erschöpft nieder. Dann sprang er erneut hoch und rief: „Aber was ist der kleinen Meerjungfrau geschehen?"

Vorsichtig schwebte Zizidee heran. War der Drache wieder ruhig? „Ja", atmete der Elf auf. Nun konnte er weitererzählen.

„Der Blaue Drache ließ vor Schreck die kleine Meerjungfrau los. Sie fiel und fiel. Im Fallen ergriff sie den anderen grünen Flügel, der vor ihr nach unten schwebte, breitete ihn aus und landete damit sanft im See. So ist ihr nichts geschehen, außer dem großen Schrecken." „Himmelsdrachen sei Dank", flüsterte der Grüne Drache. „Ja, und dann?"

„Ja, dann soll der Blaue Drache sich mühsam am Eis festgekrallt haben, und es begann für ihn ein langer, beschwerlicher Weg über den Gletscher. Er fiel in viele Spalten und Risse!"

„Geschieht ihm recht", fauchte der Grüne Drache schadenfroh.

„Dann war er am Ufer des Sees angekommen und flehte die kleine Meerjungfrau an, ihm doch die Flügel zurückzugeben. Aber sie hatte sich mit den Flügeln unter dem überhängenden Eis versteckt und kam nicht zum Vorschein.

Nun also sitzt der Blaue Drache dort an dem See und heult Tag und Nacht um seine verlorenen Flügel und um die verschwundene Meerjungfrau. Da er sie seitdem nicht mehr gesehen hat, hat er große Sorge, ob sie noch am Leben ist. Aber er bewacht den Ausgang des Sees, wo der kleine Bach abfließt, damit sie ihm ja nicht entwischt, falls sie doch noch lebt!

Die kleine Meerjungfrau hat aber alles dem Wasser anvertraut und hofft seitdem auf Rettung aus der eisigen Gefangenschaft!"

Aufatmend beendete der Elf seine Erzählung. Der Drache konnte das alles gar nicht fassen. „Und das alles hat dir das Wasser vom Bächlein erzählt?" „Ja", bestätigte der Elf, „jedes Wort."

Der Drache brütete über all dem Gesagten. Dann stieß er eine gewaltige Rauchsäule aus – Zizidee machte einen schnellen Seitenflug, um aus seiner Reichweite zu kommen.

„Wir müssen ihr helfen!" drängte er den Drachen. „Sie

kann in dem eisigen Wasser nicht mehr lange aushalten! Und deine Flügel hat sie ja auch."

Nun wurde der Drache munter. „Ja, natürlich", schnaubte er. „Wir müssen ihr helfen, sonst komme ich ja auch nicht an meine Flügel", fügte er schlau hinzu.

„Laß mich nachdenken. Drachenblut und Feuerspei! Das ist vielleicht eine schöne Geschichte. Komm, laß uns jetzt ein wenig schlafen – im Schlaf kommen mir immer die besten Ideen."

„Mir auch, mir auch", nickte lächelnd der Elf. Ihm war ja auch im Traum gezeigt worden, wie den Elfen geholfen werden konnte!

In sicherer Entfernung vom Drachen schwebte Zizidee auf eine Tanne, bat den dort wohnenden Tannen-Elf um ein Nachtquartier und war bald darauf eingeschlafen.

Der Schneesturm

Mitten in der Nacht erwachte Zizidee. Die große Tanne, wo er schlief, ächzte und stöhnte im Sturm. Der kleine Elf zitterte. Puh, war es kalt hier in der Nähe der großen Berge. Er mußte sich richtig festhalten, damit der Wind ihn nicht herunterpurzeln ließ.

Auch der Tannen-Elf wurde wach. Besorgt spähte er nach draußen. „Ich glaube, wir müssen herunter unter die Wurzeln, lieber Zizidee", sagte er nach einer Weile. „Es scheint ein Schneesturm zu kommen!"

Zizidee erschrak. Schnee war für ihn Winter, und im Winter haben kleine Blumen-Elfen draußen nichts zu suchen. Aber der Tannen-Elf beruhigte ihn. „Das geht schnell vorbei, du brauchst keine Angst zu haben. Komm nach unten, zwischen den Wurzeln meiner Tanne sind wir sicher und warm."

Hurtig kletterten beide nach unten. Fliegen war nicht möglich in dem brausenden Sturm.

Bald kuschelten sich die beiden tief unter die Wurzeln. Zizidee dachte noch an den Grünen Drachen; aber der hatte ja eine dicke hornige Haut, dem war sicher nicht kalt, und schnell schlief er wieder ein.

Der Drache merkte nichts von all dem Getöse um sich herum. Er war so müde von den Anstrengungen des Fliegens; er schlief einen festen ruhigen Drachenschlaf.

Am nächsten Morgen sah die Welt verändert aus. Zizidee rieb sich die Augen und starrte erstaunt in die weiße Pracht. Der Tannen-Elf, der das ja gewohnt war, hatte schon ein kleines Loch in die Schneedecke gebohrt und einen Gang nach draußen geschaffen.

Vorsichtig faßte Zizidee den Schnee an. Oh, das war aber kalt! „Komm nach draußen und schau dir das an!" rief der Tannen-Elf fröhlich. Er wirbelte so mit seinen Flügeln, daß ein Mini-Schneesturm entstand und Zizidee gar nichts mehr sah. Dann hörte der Tannen-Elf wieder auf, und der kleine Blumen-Elf trat zum ersten Male in seinem Leben in eine Schneelandschaft.

Vom Tannen-Elfen hatte er eine kleine Decke aus Moos bekommen, die hing er sich um die Schultern. Das hielt ihn schön warm. Warm schien auch die Sonne vom Himmel und taute hier und dort den Schnee schon fort.

Zögernd betrat der Elf die Schneedecke und machte erst kleine Hüpfer. Dabei versank er immer wieder ein kleines Stück in der weißen Pracht.

Vorsichtig probierte er das Fliegen aus und erzeugte damit ebenfalls einen Mini-Schneesturm. Wie Diamanten funkelten dabei die Schneekristalle im Sonnenlicht. Immer schneller schlug er mit seinen Flügeln – immer mehr Schnee wirbelte um ihn und den Tannen-Elf herum. Die beiden hatten einen herrlichen Spaß!

Auf einmal rief Zizidee erschrocken: „Wo ist der Grüne Drache?" Er war nirgends zu sehen. Der Tannen-Elf lachte sich kaputt. „Da, schau nur", kicherte er, „dort, die lange Erhebung im Schnee, das ist dein Drache, er ist völlig eingeschneit."

Erstaunt schaute Zizidee in die angegebene Richtung. Richtig, da lag etwas Großes, Langes! Langsam flogen beide näher. Dort, wo sie die Nase vermuteten, stiegen weiße Rauchwölkchen in die Luft, und dort war auch der Schnee weggetaut.

Zizidee suchte sich ein Zweiglein und kitzelte damit dem Drachen an der Nase. Nichts geschah – nur ein dichteres Rauchwölkchen erhob sich in die Luft. Noch einmal kitzelte der Elf.

„Drachenblut und Feuerspei!" Mit einem Ruck kam der Drache hoch und schaute wild um sich. Wer hatte ihn aus den süßen Träumen geweckt?

Der Tannen-Elf und Zizidee waren schnell auf die nächste hohe Tanne geflüchtet. Hoffentlich hatten sie den Drachen nicht verärgert. Besorgt spähten sie nach unten.

Der Drache war noch ganz verschlafen und schaute verständnislos umher. Wo war er denn hier? Großer Himmelsdrache, hilf! Wo war er? Träumte er? Er hatte sich doch gestern abend auf eine blühende Wiese zum Schlafen gelegt, und nun wachte er in einem eiskalten Bett auf.

Dann wurde er endgültig wach und erinnerte sich an alles. „He, Blumen-Elf, wo bist du?" rief er kläglich. Er fühlte sich ganz und gar verlassen hier. „Zizidee, komm doch bitte her. Mach das weiße Zeug weg, das ist ja so kalt!"

Dem Drachen wurde es richtig unheimlich. Was ging hier vor? Auch er hatte in seinem Leben noch nie Schnee gesehen, weil er ein Sommerdrache war und im Herbst zum Winterschlaf unter die Erde ging und erst zurückkehrte, wenn die Sonne im Frühling schon wieder hoch am Himmel stand.

Zizidee und der Tannen-Elf grinsten. Der Drache fürchtete sich vor Schnee! Ja so etwas! Aber sie kamen herbei, und Zizidee stellte dem Grünen Drachen den Tannen-Elfen vor. „Was ist hier so weiß?" fragte der Drache. Er zitterte richtig vor Kälte. Die Elfen erklärten ihm den Schneesturm der letzten Nacht. Der Drache war sehr froh zu hören, daß die Sonne alles wieder wegtauen würde. Er schnupperte und leckte. Dann blies er seinen Atem über den Schnee. Er lachte, als er die gewaltige Schneewolke sah, die sich erhob. Das machte ihm Spaß! Er blies hierhin und dorthin – und bald war der ganze Schnee von der Wiese geblasen und häufte sich nun zwischen den umstehenden Bäumen. Stolz betrachtete der Drache sein Werk. Die beiden Elfen lachten über seine Spielereien und sausten ihm immer vor der Nase hin und her.

Zizidee pustete dann noch den Schnee von seinem Rücken

und befreite alle Elfenflügel von der weißen Pracht. Die
Sonne tat ein übriges, und dann brauchte er auch nicht
mehr die Decke aus Moos über seinen Schultern.
„Nimm die Decke mit", sagte der Tannen-Elf, „du kannst
sie sicher in den hohen Bergen gut gebrauchen!" Zizidee
hatte ihm alles erzählt, und der Tannen-Elf gab ihnen gute
Wünsche mit auf den Weg. Er freute sich, daß nun Rettung
für die kleine Meerjungfrau nahe war; denn auch er hatte
schon die Geschichte von dem murmelnden Bach gehört.
Bald schon brachen die beiden auf, und der Tannen-Elf
winkte. „Der Große Beschützer-Elf helfe euch beiden!" rief
er hinter ihnen her. Zizidee winkte zurück. Dann waren die
beiden hinter dem hohen Tannenwald verschwunden und
flogen immer höher in die Berge hinauf.

Gefährliche Landung am Gletschersee

Immer höher und höher schraubte sich der Drache. Hohe Felsen und tiefe Abgründe begleiteten ihren Weg. Zizidee schaute doch etwas ängstlich nach unten und klammerte sich ganz fest an den Hals des Drachen. Gut, daß immer wieder warme Atemluft von ihm nach hinten wirbelte, sonst wäre es dem kleinen Blumen-Elfen sicher bitterkalt geworden.

Der Drache ächzte in der dünnen Luft. Immer schneller schlugen die Elfenflügel, um an Höhe zu gewinnen.

Dann sah Zizidee etwas weit hinten in der Sonne glitzern. „Dort", schrie er laut, „dort ist der Gletscher! Ein bißchen nach rechts abbiegen!" Der Drache änderte brav die Flugrichtung.

Immer näher kamen sie dem gewaltigen Gletscher. Immer eisiger wurde die Luft. Der Elf war froh, die Moosdecke um die Schultern zu haben, und dachte dankbar an den Tannen-Elf.

Nur noch eine Bergspitze lag vor ihnen. Vorsichtig schaute der Drache nach unten und suchte einen Landeplatz. Oh, ihm wurde schon wieder schwindelig, als er in die tiefen Abgründe sah. Tapfer sah er schnell geradeaus – so, nun ging es besser. Der Elf klopfte ihm beruhigend auf den Hals. „Wir sind bald da!"

Nun sahen sie auch den Gletschersee, doch eine dünne Eisschicht bedeckte die Wasseroberfläche. Auch hier hatte es geschneit.

Die arme, kleine Meerjungfrau, dachten die beiden mitleidig, wie wird sie hier frieren! Und dort war auch der Bach, der von dem See zwischen zwei hohen Felsen abwärts floß.

Der Drache drehte eine große Kurve. Beide schauten angestrengt nach unten. Wo war der Blaue Drache? Sie konnten ihn nicht entdecken, alles war verschneit und still. Ratlos flogen sie noch eine Kurve. Wo konnten sie nur landen?

„Dort", zeigte der Elf, „dort ist ein flacher Platz!" Ja, nun sah ihn auch der Drache. Ein kleiner schmaler Platz neben dem See. Das mußte reichen. Großer Himmelsdrache, hilf mir, dachte der Drache und sauste in die Tiefe.

In einem Wirbel von Schnee landete er weich, und Zizidee öffnete vorsichtig die Augen. Er hatte sie vor Schrecken fest zugemacht, als sie abwärts glitten. Erst konnte er nichts sehen als wirbelnden Schnee, aber dann legten sich die Flocken, und er sah aufatmend festen Boden unter sich.

Vorsichtig schauten die beiden sich um; aber nur die Sonne glitzerte auf dem Eis. Der Grüne Drache schnüffelte. „Ich kann den Blauen Drachen nicht riechen", erklärte er erleichtert nach einer Weile, „er muß fort sein."

Zizidee war schon über dem zugefrorenen See hin und her geflogen. Er schaute nach einem Loch im Eis, aber alles war dicht voller Schnee. Ratlos kam er zum Drachen zurück. „Ich kann nichts finden", klagte er. „Hoffentlich lebt die kleine Meerjungfrau noch! Was machen wir denn nun?"

Der Drache runzelte seine Stirn, so intensiv dachte er nach. „Ich hab's!" schrie er nach einer ganz, ganz langen Weile. „Ich puste über den See, dazu mache ich ein wenig Feuer in meinem Atem und taue das Eis auf!"

Zizidee machte vor Freude einen Luftsprung. „Das ist toll! Das ist genial! Du bist der klügste Drache auf der Welt!"

Der Drache strahlte über das Lob. Wann hatte ihn schon jemals jemand gelobt? Und ihn den klügsten Drachen der Welt genannt? Ach, das tat ihm aber gut!

„Flieg zur Seite, jetzt komme ich!" rief er dem Elfen zu. Wie der Blitz war Zizidee auf den nächsten Felsensims geflogen und schaute von dort gespannt nach unten. Der Drache holte Luft, holte tief Luft – holte ganz tief Luft. Und dann hauchte er in einer gewaltigen Anstrengung mit seinem Feueratem über den See. Dann noch einmal – und noch einmal.

Erst taute der Schnee fort, dann das Eis, und blitzend lag der Wasserspiegel vor ihnen. Beim drittenmal Feueratmen war der Drache ganz vorsichtig – nur über die Wasserfläche pustete er, um die kleine Meerjungfrau nicht zu verbrennen. Das eisige Wasser begann zu dampfen. Es erwärmte sich langsam. Und noch einmal blies der Drache darüber hin. Und tiefer und tiefer strahlte die Wärme.

Der Gletscher, der starr und kalt am Ende des Sees lag, fing an zu tropfen, bald sprangen kleine Rinnsale fröhlich plätschernd von dort in den See.

Die kleine Meerjungfrau lernt Zizidee und den Grünen Drachen kennen

Tief, tief unter dem See lag erstarrt von der Kälte die kleine Meerjungfrau und hielt die beiden grünen Drachenflügel umklammert, denen eine geringe Wärme entströmte. Sie hatte sich hier nach unten geflüchtet, um vor den Nachstellungen des Blauen Drachen sicher zu sein – und weil es hier am wärmsten war.

Als sie sich in der Nacht mal nach oben trauen wollte, um ein wenig Luft zu schöpfen – auch Meerjungfrauen brauchen ab und zu mal frische Atemluft –, da bemerkte sie die sich bildende Eisdecke des Sees und flüchtete entsetzt in die tiefsten Tiefen des Gletschersees.

Immer eisiger wurde das Wasser, und die kleine Meerjungfrau weinte vor Einsamkeit. Durch die Kälte erstarrte sie mehr und mehr. Hoffnungslosigkeit erfaßte sie, und sie schluchzte sich in den Schlaf.

Doch nun wurde sie ganz langsam munter. Es wurde wieder wärmer um sie. Immer mehr Wärme strömte um ihren erstarrten Körper, und sie fing wieder an, sich vorsichtig zu bewegen. Ah, das tat so gut. Sie reckte und streckte sich und tauchte vorsichtig von unten auf. Je höher sie kam, desto wärmer war das Wasser, und fröhlich hörte sie ein Plätschern von vielen Wassertropfen. „Du bist frei", sang das Wasser, „die Rettung ist nahe!"

Die kleine Meerjungfrau bekam Herzklopfen. Vorsichtig kam sie höher und höher hinauf. Aber vorerst blieb sie noch in der Höhlung des Gletschers. Doch über ihr tropfte und sang das Wasser. Woher kam die Wärme, die dieses ewige Eis zum Schmelzen brachte?

Zwischen hängenden Eiszapfen lugte sie vorsichtig nach

draußen. Entsetzt fuhr sie zurück und tauchte sofort tief unter Wasser. „Nein, nein, da ist schon wieder ein böser Drache, ein grüner diesmal! Der will mich bestimmt auch mitnehmen!"

Dann hielt sie inne. Seltsam sah dieser Grüne Drache aus! Gar nicht wie ein richtiger Drache, dieser hier hatte ja Hunderte feine Flügel auf dem Rücken – das muß ein besonderer Drache sein.

Langsam bremste sie ihr Abtauchen ab und stieg wieder vorsichtig nach oben. Und wieder schaute sie durch die tropfenden Eiszapfen hindurch nach draußen. Ja, dieser Drache erwärmte den See, und all die Flügel schimmerten im Sonnenlicht. Ob das ein Himmelsdrache ist, fragte sich die kleine Meerjungfrau verwundert. Dann war er sicher hier, um sie zu retten. Das Wasser hatte es doch auch schon erzählt!

Und grün war der Drache – hatten nicht grüne Drachenflügel ihr geholfen, sanft in dem See zu landen? Es muß ein besonderer Drache sein, entschied die kleine Meerjungfrau. Aber noch traute sie sich nicht hervor. Sie genoß die Wärme des Wassers und schaute immer wieder zu dem Drachen, der vorsichtig mit seinem Atem das Wasser erwärmte. Der Gletscher tropfte und tropfte. Ja, der Wasserspiegel stieg sogar etwas an.

Zizidee schaute aufmerksam über die Wasserfläche. Er hatte da doch irgend etwas unterhalb des Gletschers gesehen. „Warte mal", rief er dem Drachen zu, „hör mal bitte kurz auf zu blasen."

Der Grüne Drache hielt den Atem an. Zizidee flog über den See und spähte zwischen den Eiszapfen hindurch. „Kleine Meerjungfrau", rief er leise. „Komm heraus, kleine Meerjungfrau! Wir wollen dir helfen, nach Hause zu kommen!"

Aufmerksam schaute diese nach draußen. Das war ja ein Elf, der da rief. Elfen kannte sie auch vom Strand am Meer.

Dort flogen auch immer verschiedene Wesen und betreuten die Blumen und Gräser am Strand. Wie kam aber dieser Blumen-Elf hierher zum Gletscher? Die kleine Meerjungfrau verstand das alles gar nicht. Aber sie spürte, daß von diesem Elfen nichts Böses ausging, und er schien ihr wirklich helfen zu wollen. Sicher war er mit dem seltsamen Drachen gekommen, den sie vorhin gesehen hatte.

So kam sie nun langsam und vorsichtig hervor – aber immer noch bereit zu schneller Flucht unter das Eis.

„Hallo", sagte sie schüchtern und schaute etwas ängstlich drein. „Hallo, guten Tag", antwortete erleichtert der Elf. Er war so froh, daß sie noch am Leben war. Dem Drachen, der so weit nicht schauen konnte, rief er zu: „Sie lebt, sie lebt!"

„Komm ans Ufer, bitte", bat der Elf. „Mein Freund, der Grüne Drache, möchte dich auch begrüßen." – „Ist es ein lieber Drache?" fragte die Kleine ängstlich, „ich habe vor Drachen Angst!"

„Ja, ja", beruhigte Zizidee die kleine Meerjungfrau. „Er ist gekommen, um dir zu helfen! Ich bin Zizidee, ein Lianen- und Ranken-Elf", stellte er sich vor. „Und das ist der Grüne Drache vom Waldteich", stellte er weiter vor, als die kleine Meerjungfrau vorsichtig zum Ufer kam.

Der Drache lächelte und verneigte sich. Staunend betrachtete die Kleine den großen Grünen Drachen. „Wie hübsch du bist mit den vielen hellen Flügeln!" sagte sie schüchtern. „Bist du vielleicht ein Himmelsdrache?"

Der Grüne Drache platzte fast vor Stolz. Einen Himmelsdrachen nannte sie ihn. Er erhob sich ein wenig, verneigte sich nochmals und legte seinen großen, langen Schwanz in einem eleganten Bogen um sich.

„Nein, kleine Meerjungfrau", sagte er feierlich. „Ein Himmelsdrache bin ich leider nicht! Aber habe bitte keine Angst vor mir, ich will dir helfen, von hier fortzukommen."

Voller Freude klatschte die Kleine in die Hände. „Danke, danke, lieber, lieber Drache! Für mich bist du ein Himmelsdrache!" hauchte sie. „Noch nie sah ich einen Drachen mit so vielen wunderschönen zarten Flügeln, die in vielen Farben schillern! Bist du sicher, daß du kein Himmelsdrache bist?"

Sie legte ihr Köpfchen schräg und besah ihn sich von allen Seiten. Dem Drachen wurde ganz warm ums Herz, und er wußte vor lauter Stolz nicht, wie er sich noch besser in Positur setzen sollte. So ein niedliches kleines Ding! Nun konnte er den Blauen Drachen doch ein bißchen verstehen, daß dieser so etwas Süßes besitzen wollte!

Aber schnell rief er sich zur Ordnung. Ihm fiel nämlich ein, daß diese wunderschönen Flügel, die die Kleine dauernd bewunderte, ja gar nicht seine eigenen Flügel waren! Drachenblut und Feuerspei! Es waren ja Elfenflügel!

Etwas geknickt beichtete er nun der kleinen Meerjungfrau, woher diese Flügel kommen und warum er damit herumflog. Ob sie wohl irgendwo seine eigenen grünen Flügel gesehen hätte? Bittend schaute er die Kleine an.

Auch Zizidee wartete gespannt auf eine Antwort, denn davon hing ja alles ab. Bekam der Grüne Drache seine Flügel zurück?

„Ach, so ist das!" rief erstaunt die Meerjungfrau aus. „Das sind Elfenflügel!" Kläglich nickte der Drache und senkte den großen Kopf. Sicher hielt sie ihn nun nicht mehr für einen herrlichen Himmelsdrachen!

Nun erzählte Zizidee schnell die ganze Geschichte, warum der Grüne Drache keine Flügel mehr hat und auf der Suche danach von ihr gehört habe und ihr doch gerne helfen möchte, hier herauszukommen. Und daß er dabei seinem Erzfeind, dem Blauen Drachen, ein Schnippchen schlagen konnte, das war eigentlich eine Nebensache!

Der Blaue Drache kommt mit Wutgebrüll

Mit Staunen hörte die Meerjungfrau diese Geschichte. Also war der Blaue Drache mit gestohlenen Flügeln geflogen! Und diese Flügel, die sie so weich im See haben landen lassen, lagen dort tief unten auf dem Grund. Und dieser nette Drache – wenn es auch kein Himmelsdrache war – hätte gerne seine eigenen Flügel zurück. Ja, und die vielen Elfen warteten damit auch auf die eigenen!

„Natürlich hole ich dir deine Flügel", versprach sie und verschwand in der Tiefe.

Der Grüne Drache und Zizidee schauten sich lachend an. Endlich hatten sie die Flügel gefunden! Gespannt schauten beide ins Wasser und warteten auf die kleine Meerjungfrau.

Auf einmal erfüllte donnerndes Brausen und wütendes Schnauben die Luft, und mit einem schrecklichen Wutgebrüll stürzte der Blaue Drache aus einer Felsenhöhle hervor. Zizidee wurde einfach durch die Luft gewirbelt und fand sich auf der Spitze eines Felsens hängend wieder. Tief unter ihm – neben dem See – tobte ein heftiger Kampf zwischen den beiden Drachen. Alle Wut entlud sich nun dort zwischen den beiden.

Wildes Kampfesgefauche drang zu ihm empor, und das Echo sprang von Wand zu Wand in dem engen Talkessel. Es war ein furchtbarer Lärm, und Zizidee hielt sich entsetzt die Ohren zu. Da und dort sah er einen zerfetzten Elfenflügel durch die Luft segeln. Feueratem erfüllte die Luft.

Die kleine Meerjungfrau, die gerade freudig mit den Flügeln auftauchen wollte, flüchtete in Panik wieder in die tiefste Tiefe unter dem Gletscher. Alles erzitterte um sie herum. Große Eisbrocken brachen ab und rutschten ins Wasser. Sie hatte schreckliche Angst. Wenn nun diesem netten Drachen etwas geschah? Und vielleicht auch dem zarten Blumen-Elfen? Nein, es war nicht auszudenken!

Mal hatte der Grüne Drache die Oberhand, dann lag er wieder unter dem Blauen Drachen. „Du hast meine Flügel gestohlen!" fauchte der Grüne Drache. „Und du wolltest mir meine Meerjungfrau stehlen!" brüllte der Blaue Drache zurück. Sie schlugen aufeinander ein, hoch auf den Hinterbeinen stehend. Es floß reichlich Drachenblut, und der See färbte sich allmählich rosa davon; abgebrochene Elfenflügel flogen durch die Gegend.

Dann gab es einen gewaltigen Platscher, als beide in dem Kampfgetümmel plötzlich in den See fielen. Eine große Flutwelle schäumte die Felswände hoch, und Zizidee flüchtete, so schnell er nur konnte, weiter nach oben.

Dann brandete die Woge zurück und schwappte hin und her. Zizidee hatte große Angst um die kleine Meerjungfrau, die unter den Gletscher geflüchtet war. Wie es ihr wohl dort erging? Er schaute und schaute – und sah plötzlich zu seinem Entsetzen, daß ein riesiges Stück Eis sich langsam vom Gletscher löste und immer schneller in den See rutschte. Hoch hinaus trug nun diese neue Flutwelle die beiden kämpfenden Drachen und warf sie an Land. Verdutzt blieben sie liegen und wußten für einen Augenblick nicht, was passiert war.

Zizidee stieß einen Elfen-Entsetzensschrei aus. Und der ist so schrill und durchdringend, wie man sich das gar nicht vorstellen kann. Den beiden Drachen gefror das Blut in den Adern. So einen Schrei hatten beide noch nie in ihrem Leben gehört. Sie blickten wild um sich, um die Ursache dieses schrecklichen Lautes zu sehen.

Und noch einmal schrie Zizidee, er mußte auf der Stelle

die Aufmerksamkeit der beiden Kämpfenden erregen, was ihm auch damit gelang!

Dann merkte der Grüne Drache, daß der Elf so geschrien hatte. „Das Eis ist eingebrochen!" schrie Zizidee, so laut er konnte. „Die kleine Meerjungfrau ist verschüttet!"

Die Rettung aus eisiger Gefangenschaft

Erschrocken hasteten die beiden Drachen zum Gletscher. Ihr Kampf war auf der Stelle Nebensache geworden. Nun galt es, die kleine Meerjungfrau zu retten. Beide stürzten sich ins Wasser und schaufelten mit ihren Pranken das Eis an die Seite, so daß es hoch an die Felswände spritzte. Aufgeregt flog Zizidee vor ihnen hin und her und versuchte, in die grünen Tiefen zu spähen.

„Macht doch schneller!" drängte er die Drachen. Und immer rascher arbeiteten die beiden nun Seite an Seite. Je tiefer sie kamen, desto vorsichtiger räumten sie die Brokken an die Seite. Sie wollten die Kleine ja nicht verletzen.

„Halt", schrie Zizidee da von oben. „Ich sehe etwas." Er flog ganz dicht über den Wasserspiegel, der sich allmählich klärte. „Da unten liegt sie", flüsterte der Elf. „Bitte, beeilt euch! Sie bewegt sich nicht. Aber seid vorsichtig."

Langsam und behutsam tauchte der Grüne Drache in die Tiefe. Dann kam er wieder hinaus. Er prustete ganz schrecklich; denn er war noch ermattet von dem Kampf.

„Da – da ist – ein großer Brocken!" keuchte er. „Ich kann ihn nicht alleine fortschaffen. Sie ist darunter eingeklemmt!"

Sofort tauchte der Blaue Drache hinunter, und mit einem tiefen Luftholen tauchte auch der Grüne Drache noch einmal. Aufgeregt flog der Elf hin und her. Großer Beschützer-Elf, hilf ihr! dachte er verzweifelt. Er sah tief unten im Wasser beide Drachen sich abmühen, einen riesigen Eisbrocken an die Seite zu wälzen.

Plötzlich entdeckte er, wie ein neuer Spalt an der Eiswand klaffte, und langsam riß ein riesiger Eisbrocken sich los und drohte ins Wasser zu stürzen. Mit aller Kraft seiner zarten Flügel stemmte sich Zizidee gegen den eisigen Brocken und versuchte, ihn aufzuhalten.

„Kommt schon hoch", flüsterte er. Er hatte kaum noch Kraft in den Armen und Flügeln. Als er glaubte, es nicht mehr halten zu können, dachte er an all die schönen Dinge, die ihm im Leben widerfahren waren, und er schöpfte so neue Kräfte für seine Aufgabe. Glücklicherweise kam soeben die Sonne durch und streichelte ihn mit ihren warmen Fingern. Auch das half ihm, das Eis noch für eine Weile zu halten.

Gerade, als ihn alle Kraft verließ und er wirklich nicht mehr halten konnte, da tauchten die beiden Drachen auf, und sie hielten behutsam zwischen sich die ohnmächtige kleine verletzte Meerjungfrau.

Unendlich erleichtert ließ Zizidee los. Völlig ermattet flog er ans Ufer und setzte sich auf einen Stein. Dann waren auch die beiden Drachen herangekommen, nachdem sie von der Flutwelle des fallenden Eisbrockens nochmals hochgehoben wurden. Erschrocken schauten sie zurück.

„Das wäre sicher schiefgegangen, wenn dieser etwas früher in den See gefallen wäre", sagten sie zueinander.

Der Heiler-Zwerg wird geholt

Vorsichtig legten sie die kleine Meerjungfrau auf ein Moospolster. Ratlos schauten die beiden Drachen auf sie nieder. „Das ist alles meine Schuld", klagte der Blaue Drache. „Das hättest du dir früher überlegen müssen!" schimpfte der Grüne Drache.

Bevor sie aber wieder aufeinander losgehen konnten, fuhr der Elf wütend dazwischen. „Jetzt ist keine Zeit zum Streiten!" schrie er die beiden an. „Die kleine Meerjungfrau braucht Hilfe, und zwar ganz schnell." Dann wandte er sich an den Blauen Drachen: „Du lebst doch hier, wo gibt es hier einen Heiler-Zwerg?"

Der Blaue Drache senkte den Kopf. „Hier in einer Höhle am Berg gibt es Zwerge, die die Kristalle bewachen, aber ich habe sie verscheucht, weil ich hier auf die Kleine aufpassen wollte", sagte er leise. Ihm war das alles furchtbar peinlich. Was sollten sie nun von ihm denken?

„Zeig mir sofort die Höhle", sagte der Elf streng. „Vielleicht ist noch einer von ihnen da und kann dem Heiler-Zwerg Nachricht geben."

Kleinlaut führte der Blaue Drache den Elfen zum Eingang, der gut hinter niedrigen Kiefern verborgen lag. Der Elf kletterte durch die Zweige nach innen und betrat bald darauf eine wunderschöne Höhle mit funkelnden Bergkristallen. Alles leuchtete in einem geheimnisvollen Licht. Dem Elfen blieb vor Entzücken der Mund offenstehen. So etwas Herrliches hatte er noch nie gesehen! Wie er sich auch drehte – wohin er auch schaute – alles funkelte in leuchtenden Regenbogenfarben.

Bald wurde ihm wieder seine Aufgabe bewußt, und schnell flog er weiter, immer weiter in den Berg hinein. Dann kam ein langer, dunkler Gang, und der Elf ließ sich lieber auf seine Füße nieder. Er wollte nicht irgendwo im Flug gegen einen Felsen stoßen und dann vielleicht selbst verletzt dort liegenbleiben. So setzte er vorsichtig Fuß vor Fuß und tastete sich an den Wänden entlang.

Auf einmal sah er ein helles Licht von weitem auf sich zukommen. Kurz vor ihm verhielt es und schwebte langsam wieder zurück. Der Elf wußte nicht so recht, was er davon halten sollte. So blieb er erst einmal stehen. Da blieb auch das Licht stehen. Er ging einige Schritte zurück – das Licht kam mit ihm. Dann ging er zögernd vorwärts, da schwebte das Licht wieder vor ihm her.

Der Elf entschied bei sich, daß ihm das Licht sicher den Weg zeigen wollte. Er vertraute auf den Beschützer-Elf. Der würde ihm schon helfen.

Und es war gut, daß das Licht vor ihm schwebte. Denn die Gänge wurden enger und enger, und sie verzweigten sich an vielen Stellen. Nie hätte Zizidee hier weitergefunden. Dann hörte er ferne Stimmen, die lauter und deutlicher wurden, je näher er kam. Dem Elfen klopfte jetzt doch das Herz. Hoffentlich waren das die Zwerge!

Und richtig, nach der nächsten Biegung des Ganges öffnete sich eine weite Höhle, und er sah eine ganze Zwergenstadt vor sich – mitten im Berg. Es wimmelte dort nur so von Zwergen, die alle einer Beschäftigung nachgingen. Auch Kinder spielten dazwischen, und Zwergenfrauen hängten die Wäsche auf.

Als er den Lichtkreis der Höhle betrat, erklang eine melodische Glocke, und alles hielt in der Arbeit inne und schaute zum Eingang. Zizidee verneigte sich höflich. Zu ihm waren drei ältere Zwerge getreten und fragten nach seinen Wünschen. Sie schienen gar nicht erstaunt zu sein, ihn hier zu sehen. Es war beinahe so, als ob sie ihn erwartet hätten.

Denn fast im gleichen Augenblick erschien der würdige

Heiler-Zwerg mit seiner Tasche, und unverzüglich machten sie sich auf den Rückweg. Und dieser ging nun ganz schnell, denn der Heiler-Zwerg hatte sein Wiesel mitgebracht. Auf dieses schnelle Tier setzten sich die beiden und waren in wenigen Minuten wieder am Höhlenausgang. Dort legte sich das Wiesel wartend nieder, und der Zwerg kletterte mit dem Elfen den Felsen hinab bis dorthin, wo die kleine ohnmächtige Meerjungfrau lag.

Abwechselnd hatten dort die beiden Drachen, die ihren Streit völlig vergessen hatten, etwas warmen Atem über die Kleine geblasen und ein wenig Wasser aus dem See über ihren Nixenschwanz gegossen – damit sie auch schön feucht blieb. Schneeweiß war ihr Gesicht, und Blut sickerte aus einigen Wunden am Körper. Schlaff lagen die Hände auf dem Moos, doch in jeder Hand ein grüner Drachenflügel, die sie selbst in ihrer Ohnmacht nicht losließ.

Der Zwerg würdigte die Drachen keines Blickes, und beide schlichen beschämt von dannen. Er untersuchte die kleine Meerjungfrau vorsichtig und tupfte das Blut mit Farnkräutern ab. Dann suchte er lange in seiner Tasche, bis er das Geeignete gefunden hatte. Damit wurden die Wunden verbunden. Zizidee stand dabei und hätte so gerne geholfen, aber der Heiler-Zwerg machte alles mit sanften kundigen Händen.

Dann bat er den Elfen, eine Hand der Kleinen zu nehmen und um Heilung für sie zu bitten. Vorsichtig nahm der Elf die kalte Hand. Liebevoll hielt er sie und wünschte ihr von Herzen baldige Genesung. Der Zwerg murmelte vor sich hin. Zizidee beugte sich vor, um besser zu hören:

> Heile, heile
> nicht in Eile
> Mutter Erde.
> Gesund sie werde!

Das sagte er dreimal und hielt seine Hände über ihren

Körper. Gespannt schaute der Elf auf die Kleine. Ein tiefer Seufzer hob ihre Brust, ihre Augen flatterten kurz. Dann versank sie wieder in ihre Ohnmacht. Bedenklich schaute der Heiler-Zwerg zum Elfen.

„Bitte, hilf ihr", flehte dieser. Der Heiler-Zwerg suchte aus seiner Tasche verschiedene Edelsteine und legte sie verteilt über den zarten Körper der Meerjungfrau. Dann beugte er sich erneut über sie und murmelte nochmals dreimal das Heilungsgebet.

Und wieder seufzte die kleine Meerjungfrau. Einige Worte kamen aus ihrem Mund, aber Zizidee verstand nicht, was sie sagte. Der Zwerg beugte sich tief über sie und streichelte über ihr Gesicht. Und wieder murmelte sie etwas.

Ängstlich schaute der Elf den Zwerg an. „Sie muß auf der Stelle nach Hause ins Meer gebracht werden", sagte dieser langsam. „Dort wird sie schnell gesund werden. Wenn sie hier bleibt, wird sie sterben!"

Vorsichtig näherten sich die beiden Drachen und schauten besorgt und ängstlich auf die kleine Meerjungfrau. Sie wollten gerne alles tun, damit es ihr wieder besser ginge!

Dem Grünen Drachen werden die Flügel wieder angenäht

„Bitte", bat Zizidee den Heiler-Zwerg, „könntest du dem Grünen Drachen wieder die Flügel annähen? Dann können wir die Kleine schneller zum Meer bringen!"

Flehend schaute ihn nun auch der Grüne Drache an. Der Zwerg kletterte schweigend auf den Rücken des Drachen, und Zizidee hielt die grünen Flügel in die richtige Position zum Annähen. Der Grüne Drache gab keinen Muckser von sich. Es tat zwar ziemlich weh, Kleben mit Krötenspucke wäre ja einfacher, aber ob das denn halten würde? Nein, richtig angenäht war ihm lieber!

Der Blaue Drache wußte nicht, wo er hinschauen sollte. Er konnte kein Blut sehen! Da wurde ihm immer schlecht! Und es war alles seine Schuld!

Dann waren die Flügel festgenäht, und vorsichtig probierte der Grüne Drache, sie zu bewegen. Aua, das tat ja noch sehr weg!

„Du mußt ein bis zwei Tage ausruhen", sagte streng der Zwerg, „dann kannst du wieder fliegen." Er nickte verabschiedend mit dem Kopf, sammelte die Edelsteine wieder ein, kletterte die Wand zum Eingang hoch, bestieg das Wiesel und war verschwunden.

Alle drei schauten besorgt auf die bewußtlose kleine Meerjungfrau. „Sie muß hier aus der Kälte heraus", sagte entschlossen der Elf. „Wir werden ihr aus Holz ein kleines Floß bauen und sie mit dem Bach, der aus diesem See nach unten fließt, schwimmen lassen. Unten ist es viel wärmer!"

„Das ist eine wunderbare Idee!" freuten sich die Drachen. Beide begannen eifrig Hölzer zu sammeln. Zizidee um-

wand diese dann mit dem restlichen Nähmaterial, das der Zwerg vergessen hatte. Bald darauf war das Floß fertig, und der Elf polsterte es mit Moos aus. Dann legten sie vorsichtig die Kleine darauf, und Zizidee deckte sie mit der Moosdecke des Tannen-Elfen zu.

Nun war die verletzte Meerjungfrau erst einmal versorgt, und Zizidee bat die beiden Drachen, ihm beim Zusammensuchen der Elfenflügel zu helfen. Alle waren vom Rücken des Grünen Drachen beim Kampf abgefallen, und manche waren arg zerfetzt! Aber der Elf vertraute der Kunst der Waldspinne, alle wieder zu reparieren.

Beide Drachen suchten nun sorgfältig den See und das umliegende Ufer ab und brachten so nach und nach alle Elfenflügel herbei. Den Grünen Drachen plagte das schlechte Gewissen. Wie war er nur mit diesen feinen Flügeln umgegangen! Er schämte sich sehr.

Zizidee legte alle sorgfältig zusammen und band sie mit auf das Floß.

Sachte ließen sie das Gefährt ins Wasser, und Zizidee setzte sich als Steuermann hinten mit drauf. „Es schwimmt, es schwimmt!" jubelten die Drachen. Aufgeregt liefen sie am Ufer mit.

Vorsichtig steuerte der Elf das Floß in den Ausgang des Sees, und immer schneller ging es mit dem Bach bergab. Er mußte sehr aufpassen, denn dicke Felsen erhoben sich drohend mitten im Bachbett – das Wasser schäumte und sprudelte darum herum.

Großer Beschützer-Elf, hilf uns, dachte der Elf. Immer wieder kam er gerade noch an den Felsen vorbei. Die Meerjungfrau wurde ganz schön durchgeschüttelt. Gut, daß sie ohnmächtig ist, dachte Zizidee.

Die beiden Drachen keuchten hinterher und blieben bald zurück – so schnell schoß das Gefährt bachabwärts. Zizidee hatte alle Hände voll zu tun, um das Floß im Gleichgewicht zu halten. Auch paßte er sehr auf die Ladung Elfenflügel auf, die er hinten auf das Holz geschnürt hatte.

Der Tannen-Elf hat die rettende Idee

So jonglierte er nun das Floß bachabwärts und war unendlich froh, als er auf der Waldwiese ankam, wo er mit dem Drachen übernachtet hatte. Der Tannen-Elf hatte ihn schon von weitem kommen sehen und kam schnell herbeigeflogen.

„Die arme kleine Meerjungfrau!" Mitleidig betrachtete er die reglose Gestalt. Zizidee war ganz erschöpft von der rasenden Fahrt. „Bitte, hilf mir", bat er den Tannen-Elf. Sie zogen das Floß an Land und betteten die Kleine auf weiches Gras. „Ich habe eine Idee", meinte der Tannen-Elf. „Wir werden eine Bergdohle zum Meer senden. Vielleicht kann sie von dort Hilfe holen!"

Zizidee war froh, daß noch jemand da war mit guten Einfällen. Er war so schrecklich müde von all den Ereignissen, und sein Kopf schien ihm ganz leer.

Nun wurde der Tannen-Elf aktiv. Mit einem lauten Pfiff auf einem Tannenzapfen holte er eine Dohle herbei; ihr erklärte er, was er von ihr erwartete. Die Dohle sah ihn aufmerksam an, nickte mit dem Kopf und verschwand hoch in die Lüfte.

Nach einer ganzen Weile keuchten die beiden Drachen herbei. Sie hatten sich mühsam den Weg abwärts suchen müssen. Dem Blauen Drachen waren die Füße wund geworden – er war das Laufen gar nicht mehr gewohnt!

Beide waren froh, den Elfen und die Meerjungfrau hier anzutreffen. Zizidee stellte dem Blauen Drachen den Tannen-Elfen vor und berichtete, was dieser für eine gute Idee gehabt hatte. Nun setzten sich alle ins Gras, ließen sich von der Sonne bescheinen, begossen ab und zu den Nixenschwanz mit Wasser aus dem Bächlein und warteten. Und warteten und warteten.

Die Sonne ging schon langsam unter, als plötzlich am Himmel zwei Punkte sichtbar wurden, die schnell näher kamen. Die scharfen Augen vom Tannen-Elfen erblickten sie zuerst. Er schaute angestrengt nach oben und beobachtete, was da kam.

Dann war er sich sicher. „Die Dohle kommt zurück", schrie er laut. Die Drachen und Zizidee, die erschöpft in Schlaf gesunken waren, fuhren erschrocken hoch.

Dann sahen sie es alle. Die Dohle kam zurück und mit ihr eine wunderschöne große Möwe. Sanft landeten die beiden auf der Wiese. Die Möwe ging ohne zu zögern auf die kleine Meerjungfrau zu und schüttelte aus ihrem Gefieder Meerwasser über sie.

Ein tiefer Seufzer erhob die zarte Brust der Kleinen. Und noch einmal schüttelte sich die Möwe, und ein Regen von Meerwasser ergoß sich aus den Federn. Da schlug die kleine Meerjungfrau die Augen auf und schaute direkt in das lachende Gesicht der Möwe. Wie strahlten ihre Augen! Sie umschlang den Hals der Möwe und freute sich.

Und alle, alle auf der Wiese freuten sich mit. Endlich, endlich war die kleine Meerjungfrau aus der Ohnmacht erwacht! Das Wasser des Meeres hatte sie erweckt und auf der Stelle ihre Wunden geheilt.

Demütig tappte der Blaue Drache vor sie hin und bat sie um Verzeihung für das, was er ihr angetan hatte.

Die Kleine strich ihm über den Kopf, und blaue Drachentränen der Erleichterung fielen auf ihre Hand. Gerührt schauten der Grüne Drache, Zizidee und der Tannen-Elf zu. Dann ging der Blaue Drache noch zum Grünen Drachen und bat auch ihn um Freundschaft. „Ist schon gut", brummte der Grüne Drache. Ihm war auch nicht so wohl in seiner Haut, hatte er doch durch sein Eindringen in das Reich des Blauen Drachen damals Neid geweckt.

So herrschte nun Freude auf der Waldwiese, und die Möwe

versprach, die kleine Meerjungfrau morgen früh nach Hause ans Meer zu fliegen. Alle waren froh über diese gute Lösung.

Als der Mond gelb am Himmel stand, sang die Kleine noch einmal das wunderschöne Meereslied, das damals den Blauen Drachen so verzaubert hatte. Die Töne waren so süß und klangen so fein durch den Wald, daß immer mehr Tiere auf die Lichtung traten, um ihr zuzuhören. Und allen wurde ganz seltsam ums Herz, und ein Gefühl von Einssein herrschte, daß sogar Tiere nebeneinander saßen, die sich sonst jagten. Alle schlug die kleine Meerjungfrau mit ihrem Lied in den Bann.

Später gingen die Tiere still wieder fort, und nur noch die Bäume raunten das Lied einander zu.

Am anderen Morgen war die kleine Meerjungfrau mit der Möwe fort. Es lag nur noch eine weiße Feder da für jeden, und eine Schuppe aus ihrem Nixenschwanz. Vorsichtig nahmen die beiden Drachen und die Elfen das Geschenk an sich und sandten ihr liebe Grüße in Gedanken hinterher. Dann verabschiedete sich auch der Blaue Drache und kehrte in seine Berge zurück. Langsam, Schritt für Schritt, tapste er von dannen. Laufen war doch sehr viel anstrengender als das Fliegen, dachte er traurig. Aber Fliegen macht auch schwindelig, und es verleitet zu Dummheiten, tröstete er sich. Und mit jedem Schritt fiel es ihm auch leichter!

Bald war er nicht mehr zu sehen, und Zizidee verabschiedete sich vom Tannen-Elfen. Der Grüne Drache übte derweil über der Wiese das Fliegen mit den eigenen Flügeln. Es ging schon wieder ganz gut! Nur Überschlag und Salto – das wollte er lieber nicht riskieren. Womöglich reißen dann die Flügel wieder ab? Nicht auszudenken! Sachte landete er wieder auf der Wiese, wo Zizidee mit dem Paket verschnürter Elfenflügel ungeduldig wartete.

„Auf Wiedersehen, auf Wiedersehen!" riefen nun alle einander zu, und das Bächlein machte einige Freudenspritzer aus seinem Bett. Zizidee bestieg nun vorsichtig den Drachen, verankerte das Paket mit den Flügeln, hielt sich gut fest, und langsam erhob sich der Grüne Drache in die Luft. Er keuchte und schnaufte, er ruckte und zuckte, dann flog er mit einem gejauchzten „Drachenblut und Feuerspei" davon.

Der Tannen-Elf winkte noch lange hinterher, aber Zizidee drehte sich nicht mehr um, er hatte genug zu tun, um sich und sein Hütchen und vor allen Dingen die Ladung zusammengebundener Elfenflügel festzuhalten. „Auf Wiedersehen, mein Freund", sagte leise der Tannen-Elf. Dann ging er wieder seinen Beschäftigungen nach. Er mußte nachschauen, ob die Tannen nun Samen in den Zapfen gebildet hatten. Es war nämlich für Eichhörnchen sehr wichtig, damit sie Vorräte für den Winter anlegen konnten.

Doch einige Samen verwahrte der Elf für neue Tannenbäume, die bekamen die Eichhörnchen nicht.

Noch lange dachte er an diesen Besuch. Er war so froh, daß alles gut ausgegangen war, und er hoffte, daß die Elfen nun auch bald ihre Flügel zurückbekamen. Eine Elfe ohne Flügel ist doch keine Elfe!

So flogen nun Zizidee und der Grüne Drache über Länder und Wälder immer weiter dem Waldteich zu. Das kleine Mädchen sah den Drachen wieder zurückkommen und wunderte sich, daß er so anders aussah. Sie erzählte dann ihren Puppen eine selbsterfundene Geschichte, warum der Drache erst helle, durchsichtige Flügel hatte und dann wieder grüne.

Die Puppen saßen da und hatten keine Meinung dazu. Traurig ging das kleine Mädchen vor die Tür und befragte den Birken-Elfen. Der Elf erzählte ihr dann die ganze Geschichte – es hatte sich alles in Windeseile im Naturreich herumgesprochen. Das kleine Mädchen hörte gebannt zu. Sie war froh, daß die kleine Meerjungfrau wieder zu Hause war. Im Sommer wollte sie mit ihren Eltern an die See fahren. Sie versprach dem Elfen, die Augen offenzuhalten, ob sie die Meerjungfrau nicht irgendwo sehen konnte. Glücklich lächelnd schlief sie an diesem Abend ein.

Absturz im Gewitter

Der Grüne Drache flog und flog. Erst fiel es ihm ganz leicht, und er war glücklich, mit den eigenen Flügeln zu fliegen. Doch dann merkte er, daß er immer müder wurde. Er war seine eigenen Flügel nicht mehr gewohnt! Langsamer und langsamer wurden seine Bewegungen.

Zizidee klopfte ihm besorgt auf den Rücken. Er würde doch nicht jetzt schlappmachen? Er schaute nach einem Landeplatz aus; aber weit und breit nur Wälder mit hohen Bäumen. Und von Ferne hörte man Donnergrollen! Es würde doch jetzt nicht ein Gewitter hereinbrechen!

„Flieg schneller!" schrie Zizidee. „Wir müssen einen Landeplatz finden." „Ich – ich – kann nicht schneller!" ächzte der Drache. Sie sanken tiefer und tiefer, denn immer langsamer schlugen die Drachenflügel.

Ein dem Gewitter vorauseilender Sturmwind erfaßte sie jäh und wirbelte sie hoch hinauf und gleich wieder tief hinunter. Entsetzt klammerte sich der Elf fest: „Ich habe Angst vor Gewittern! Wo sollen wir bloß landen?" Der Drache war ganz außer sich vor Schrecken. Er schlug mit seinen Flügeln so schnell er nur konnte und strampelte mit den Beinen.

Zizidee hielt sich mit aller Kraft fest. Es ging rauf und runter in dem Gewittersturm, und Blitze zuckten um sie herum. In rasender Eile war das Unwetter herangezogen.

Dann gab es ein grelles Licht neben den beiden, und krachender Donner erfüllte die Luft. Der Drache schrie vor Entsetzen, und dann war Dunkelheit um ihn und den Elfen.

Zizidee erwachte, weil irgend etwas ihn am Rücken piekste. Schon wieder eine Brombeere, dachte er im Halbschlaf und tastete um sich herum. Dann riß er weit die Augen auf. Keine Brombeere war es, sondern der spitze Ast eines hohen Baumes, wo der Sturm ihn letzte Nacht hingeschleudert hatte. Er versuchte sich zu besinnen, was da gewesen war; aber er wußte nur noch den grellen Blitz – den entsetzlich lauten Donner und dann nichts mehr.

Mühsam rappelte er sich auf. Alles tat ihm weh, und seine Kleidung hing in Fetzen. Schnell tastete er nach seinen Flügeln. Auch dort waren einige Risse; aber sie waren noch auf seinem Rücken, Elf sei Dank.

Dann fiel ihm der Drache ein. Zutiefst erschrocken blickte er um sich. Er sah nur große Bäume ringsumher, alle zerzaust von dem Sturm, einer sogar vom Blitz getroffen und umgefallen. Vom Drachen weit und breit keine Spur. Zizidee erhob sich mühsam flatternd von seinem Ast und spähte umher. Er flog hierhin und dorthin und rief laut: „Grüner Drache! Grüner Drache! Wo bist du?"

Dann sah er etwas in einer Baumkrone blitzen; er flog darauf zu. Ein Elfenflügel! Und da noch einer! Oh, du liebe Mutter Erde! Die Elfenflügel sind auch heruntergefallen und haben sich in alle Winde zerstreut!

Vor Schreck fing Zizidee an zu weinen. Sollte alle Mühe umsonst gewesen sein? Alle Aufregungen und Anstrengungen?

Er weinte so laut, daß die Baum-Elfen der umliegenden Bäume ihn hörten. Alle hatten sich wegen des Gewittersturmes tief unter die Wurzelbeine der alten Baumherren verkrochen. Sie trösteten gerade die Elfe, deren Baum vom Blitz getroffen war, und versprachen, ihr zu helfen, einen neuen Baum als Wohnung zu finden. Doch dann hörten sie das laute Weinen von Zizidee und kamen hervor.

Die Elfenflügel sind verschwunden

Zizidee sah nicht, daß sich um ihn eine ganze Baum-Elfen-schar versammelt hatte. Dann berührte ihn eine von ihnen an der Schulter und fragte, warum er so traurig sei.
Erschrocken hielt Zizidee im Weinen inne und blickte um sich. Freundlich-besorgte Elfengesichter schauten ihn an. Eine reichte ihm ein Buchenblatt zum Putzen der Nase, eine andere hielt ihm ein Tautröpfchen einer Pfefferminz-pflanze zum Erfrischen hin.
„Hallo", sagte er erleichtert. „Ich bin so froh, daß ihr gekommen seid! Stellt euch vor, was mir passiert ist!" Und er erzählte den Baum-Elfen seine ganze Geschichte.
Das meiste kannten die Elfen schon; denn so etwas spricht sich schnell rund im Naturreich; aber den Schluß kannten sie noch nicht. Mit Schrecken hörten sie von dem abge-stürzten Drachen und der verstreuten Ladung Elfenflügel. Sie schlugen die Hände über dem Kopf zusammen und berieten, wie sie ihm helfen könnten.
Pummel, der rundliche Elf einer Zuckerhutfichte, reichte Zizidee ein süßes Spitzchen seiner Fichte. „Eigentlich woll-te ich es nach dieser schrecklichen Nacht selber lutschen", meinte er freundlich, „aber ich glaube, du hast es nötiger." Großmütig verzichtete er auf seine Lieblingsleckerei. Zizi-dee nahm es dankend an. Er hatte jetzt wirklich einen Trost nötig.
Ein würdiger, alter Baum-Elf einer riesigen Tanne über-nahm jetzt das Kommando: „Alle mal herhören!" sagte er mit seiner tiefen Tannenstimme. „Wir werden jetzt genau nach Plan den Wald absuchen. Die Buchen-Elfen suchen den Süden ab, die Eichen-Elfen den Norden, die Birken- und Fichten-Elfen den Westen und alle Tannen-Elfen flie-gen nach Osten. Wer einen Elfenflügel findet, bringt ihn

hierher! Und schaut nach dem Grünen Drachen aus – er ist ja so groß – der muß doch zu finden sein!"

Alle Baum-Elfen flogen in der angegebenen Richtung los.

„Vielen Dank, lieber Tannen-Elf", sagte Zizidee erleichtert. „Nie hätte ich das alleine geschafft!"

Der Tannen-Elf schaute ihn freundlich an. „Wir sind doch alle Kinder der Mutter Erde – wir müssen doch einander helfen! Viele Augen sehen mehr als nur zwei! Und viele Hände sammeln mehr als nur ein Paar Hände!"

Ja, das verstand Zizidee gut. Erschöpft saß er noch auf dem hohen Baum, wo ihn der Sturm hingeschleudert hatte. Er machte sich große Sorgen um den Grünen Drachen, und die Elfenflügel mußte er doch auch wieder gut heimbringen! Dankbar lutschte er an dem grünen Zuckerhut-Fichten-Spitzchen. Das gab ihm neue Kräfte.

Inzwischen flogen die Baum-Elfen über die Wälder und suchten. Und sagten wieder anderen Elfen und Naturgeistern Bescheid, die sie trafen. Da und dort schimmerte ein Elfenflügel in Bäumen, Sträuchern oder auf der Erde. Sie suchten und sammelten und brachten alles zum Tannen-Elf, der bei Zizidee saß.

Nach einer Weile kamen einige Elfen zurück und berichteten aufgeregt, daß eine Rabenkolonie, die ihre großen Nester dort weit hinten hatte, siebzehn Flügel einfach zum Nestbau verwendet habe und sich weigere, diese wieder herauszugeben! Unerhört! Unglaublich! Alle waren empört. Elfenflügel als Nistmaterial für Raben!

Ratlos schauten sich die Elfen an. Was sollten sie nun tun?

Die Raben hatten gesagt, so etwas Weiches hätten sie noch nie gehabt für ihre Nester, und außerdem lagen diese hellen Dinger ja überall im Wald verstreut! Und was im Wald liegt, kann sich jeder nehmen! Krah! Krah!

Kein Bitten und Flehen half – sie rückten die Flügel nicht heraus. Der Sturm hatte auch ihre Nester mächtig zerzaust, und die Flügel kamen ihnen doch gerade recht.

So flogen die Baum-Elfen unverrichteter Dinge wieder zurück, um empört von diesem Frevel zu berichten. Der Tannen-Elf saß da und überlegte. Sie haben ja recht, begann er langsam, was im Wald herumliegt, ist für jeden Waldbewohner da.

Angestrengt runzelte er seine Stirn. Zizidee rang die Hände. Was sollten sie nur machen? Und noch keine Spur vom Grünen Drachen!

Mit List werden die Raben aus den Nestern gelockt

Plötzlich erhellte sich die Miene des Tannen-Elfen. „Ich hab's!" rief er erfreut. „Wir werden die Raben aus ihren Nestern locken. Sie sind ja sehr neugierig, wenn es etwas Neues zu erfahren gilt! Und dann holen wir uns die Flügel zurück."

Große Erleichterung ringsumher. „Ja", freuten sich die Elfen, „das ist eine gute Idee!" Gespannt schauten sie den Tannen-Elfen an. „Wie machen wir das?"

Der Tannen-Elf lachte. „Wir senden einfach einen kleinen Elfen zu der Rabenkolonie, und der erzählt dann den Raben, daß er wüßte, wo es noch viel mehr Elfenflügel gäbe! Und wenn sie alle fort sind, dann nehmen wir uns die Flügel wieder aus den Nestern!"

„Oh, das ist genial! Das ist eine wunderbare Idee!" freute sich die ganze Elfenschar.

„Komm her, Pummel", bat der Tannen-Elf, „du wirst diese Aufgabe übernehmen, du siehst so harmlos aus! Dir werden sie glauben."

Pummel war sehr stolz, diesen Auftrag bekommen zu haben. Manchmal neckten ihn die anderen, weil er so gerne von seiner Zuckerhut-Fichte naschte und so richtig schön rundlich geworden war, aber nun bekam er eine wichtige Aufgabe! Und die wollte er gerne erfüllen. Der Tannen-Elf sagte ihm noch genau, wie er sich verhalten sollte, und schickte ihn los. Vorher steckte er sich noch schnell ein Stückchen von seiner Zuckerhutfichte ein, und dann ging es los. Alle winkten und wünschten viel Erfolg.

Die anderen Elfen huschten in großem Abstand hinter ihm

her und versteckten sich unter Blättern und hinter Ästen, damit sie von den Raben nicht gesehen werden konnten. Der kleine dicke Pummel flog fröhlich pfeifend durch den Wald bis zur Rabenkolonie. Ein klein wenig fürchtete er sich vor diesen großen schwarzen Vögeln mit den riesigen Schnäbeln, aber er hatte das Vertrauen des Tannen-Elfen, und den wollte er nicht enttäuschen!

So setzte er sich gut sichtbar für alle Nester hoch oben auf einen Baum und schaukelte hin und her. Er zog sein süßes Tannenspitzchen aus der Tasche und lutschte hingebungsvoll daran. Dabei schaute er gelangweilt durch die Gegend. Aus den Augenwinkeln beobachtete er aber alle Nester genau, um zu schauen, wo überall Elfenflügel verbaut waren.

Ein Rabe kam näher und setzte sich auf den Nachbarast. Raben sind furchtbar neugierig und freuen sich, wenn sie eine Neuigkeit hören können. „Hallo, du kleines Dikkerchen", begann der Rabe die Unterhaltung. Der Elf war empört; aber gerade noch rechtzeitig erinnerte er sich an seine Aufgabe und antwortete mit süßer Stimme: „Hallo, du schöner Rabe!"

Der Rabe war geschmeichelt. Er spreizte seine Flügel weit aus und schlug sie elegant um seinen Körper. Der Elf Pummel fiel fast vom Ast vor Lachen, das heißt, er unterdrückte das Lachen gerade noch rechtzeitig. So hustete er und tat, als habe er sich verschluckt. Der Rabe klopfte ihm mit seinem Flügel beruhigend auf den Rücken.

„Danke", japste der Elf, „vielen Dank, du schöner Rabe. Ich habe mich nur an meinem süßen Fichtenspitzchen verschluckt!"

Der Rabe hüpfte heran und beäugte die Süßigkeit. Begehrlich kam sein dicker Schnabel näher und näher. „Da", sagte der Elf großmütig, „ich schenk' es dir!" Der Rabe dankte erfreut und nahm es ihm ab. Oh, das schmeckte fein!

„Hast du noch mehr davon?" fragte der Rabe. Seine Augen funkelten vor Vergnügen. „Ja, natürlich", antwortete der Elf, „ich habe genug davon! Ich würde dir ja etwas davon bringen, aber erst muß ich dort hinten am 267. Baum, links, wo die zerzauste Eiche steht, die Ladung Elfenflügel nach Hause bringen. Doch vorher mußte ich mich stärken!"

Der Rabe wurde ganz aufgeregt. „Dort hinten sind noch viele Elfenflügel?" fragte er. „Und du mußt sie holen?"

„Jaja", tat der Pummel gelangweilt, ich muß sie alle holen! Das ist eine große Arbeit, und ich bin ja sooo müde!" Er gähnte herzhaft und ließ seine Augenlider etwas über die Augen fallen. „Darf ich hier ein wenig schlafen? Dann habe ich auch wieder Kraft, die vielen weichen Elfenflügel zu holen."

Der Rabe konnte seine Ungeduld nur mit Mühe beherrschen. „Jaja", sagte er und tat sehr freundlich, „du kannst hier schlafen, so lange du möchtest!" Pummel grinste in sich hinein, gähnte nochmals herzhaft und schloß die Augen.

Auf Krallenspitzen schlich sich der Rabe davon und berichtete im Flüsterton den anderen, was der dumme dicke Elf ihm erzählt hatte. Die Raben waren alle begeistert. Leise erhob sich einer nach dem anderen von den Nestern, damit sie ja nicht den Elfen aufweckten, und flogen in die angegebene Richtung.

Pummel blinzelte zwischen den fast geschlossenen Augenlidern hindurch. Das hatte ja wunderbar geklappt. Als der letzte Rabe in der Ferne verschwunden war, stürzten alle Elfen herbei und holten aus den Nestern die Elfenflügel. Manche waren noch mehr zerrissen; aber das spielte nun keine Rolle mehr. Sie hatten jetzt die Flügel zurück.

Lachend und aufgeregt flogen sie zurück. Dem kleinen Pummel klopften sie bewundernd auf die Schultern. „Das hast du gut gemacht!" Pummel war sehr stolz und bekam auch noch vom Tannen-Elf ein großes Lob.

Er sagte: „Ich weiß, es ist nicht richtig, anderen etwas Falsches zu erzählen; aber der Große Beschützer-Elf wird es schon verstehen!" Zizidee war so glücklich, daß die Flügel wieder da waren, und zählte sie durch. „Die Flügel von Violetta fehlen!" rief er am Schluß enttäuscht. „Ein Paar Flügel, zartlila waren sie! Ausgerechnet Violettas Flügel! Bitte", flehte er den Tannen-Elf an, „bitte helft mir noch Suchen! Und den Drachen haben wir auch noch nicht gefunden!"

Nun schwärmten alle nochmals aus, auch Zizidee und der Tannen-Elf schauten hierhin und dorthin.

Inzwischen waren die Raben an dem angegebenen Baum angekommen. Sie suchten und suchten; aber keine Elfen-flügel waren hier. Ratlos schauten sie einander an. „Bist du sicher?" fragten sie den Raben, der mit Pummel gesprochen hatte, „daß es der 267. Baum links war? War es nicht vielleicht rechts?"

Nun wurde der Rabe unsicher. „Laßt uns mal nach rechts fliegen", meinte einer, und alle flogen davon.

Auch dort waren keine Elfenflügel; aber etwas anderes lag dort. Groß, mächtig und grün! „Ein Drache! Ein Dra-che!", schrien die Krähen entsetzt und stoben davon, heim in die Nester, wo sie sich ganz tief verkrochen. Vor Drachen hatten alle mächtig Angst! Sie merkten in all der Aufregung nicht, daß ihre Nestpolsterung weniger gewor-den war. Der Drache nahm ihr Denken ganz und gar gefangen.

Nur der Rabe, der mit dem Elfen gesprochen hatte, merk-te, was inzwischen passiert war. Der Elf hatte ihn an der Schnabelspitze herumgeführt – und die Flügel aus den Nestern geholt! Oh, wie dumm er gewesen war! Aber er sagte lieber nichts. Wie wären die anderen über ihn hergefallen! Da war er froh, daß der Drache so die Gemüter erhitzte und niemand mehr an die Elfenflügel dachte!

Der Grüne Drache wird gefunden –
doch wo sind Violettas Flügel?

Ein vorbeikommender Eichelhäher hörte, wie die aufgeregten Raben von dem Drachen erzählten. Er erinnerte sich, daß seine Eichen-Elfen, die ihn immer so schön mit Eicheln versorgten, doch einen Drachen suchten, und flog schnell hinter ihnen her.

„Danke, lieber Eichelhäher", freuten sich die Elfen. Schnell wurden die anderen alarmiert, und alle flogen nun zu dem 267. Baum rechts von den Rabennestern.

Vorneweg flog Zizidee und sah ihn als erster. Er lag ganz still dort und bewegte sich nicht. Überall auf den umstehenden Bäumen ließen sich die Elfen nieder und betrachteten besorgt den ohnmächtigen Drachen. Nur ein kleines, winziges Rauchwölkchen kam aus seiner Nase. Fest geschlossen waren seine Augen und halb verdreht der lange Schwanz. Zizidee flatterte um ihn herum und klopfte ihm liebevoll auf den Rücken.

„Wach auf, Grüner Drache", rief der Elf. Aber nichts geschah. Er rüttelte ihn an den Ohren, kitzelte mit einem Stöckchen die Nase. Aber nichts geschah.

Flehend sah Zizidee zu den Elfen. „Was tun wir nun mit ihm?" fragten sie einander. Mit Drachen hatte doch niemand Erfahrung. Plötzlich hatte der Elf eine Idee. Er flog zum Drachen und rüttelte vorsichtig an den grünen Flügeln. Dann machte er die Stimme des Blauen Drachen nach und brummte: „Ah, der Grüne Drache schläft, nun kann ich ihm die Flügel ja wieder abnehmen . . ."

Schnell flog Zizidee in Deckung, denn mit einem wütenden „Drachenblut und Feuerspei" erwachte der Drache und schaute wild um sich. Eine dicke Rauchsäule kam aus seiner Nase, und alle Elfen flüchteten erschrocken auf die höchsten Bäume.

Aber da war kein Blauer Drache, und langsam beruhigte sich der Grüne Drache. Hatte er eben geträumt? Da war doch die Stimme seines alten Feindes. Ach nein, sie waren ja jetzt Freunde geworden!

Zizidee kam vorsichtig um den Baum herum, hinter den er sich verkrochen hatte. Der Drache war wieder ruhig geworden. „Hallo", sagte der Elf, „wie geht es dir?"

„Oh, Elf", sagte der Drache erleichtert, „ich bin so froh, daß du wieder da bist. Der Gewittersturm hat mich so gebeutelt und hierher geworfen." Vorsichtig bewegte er seine Flügel – alles schien in Ordnung zu sein.

„Stell dir vor", erzählte er dem Elfen, „ich träumte gerade von dem Blauen Drachen. Er wollte mir doch schon wieder die Flügel abnehmen! Aber es war ja nur ein Traum!"

Zizidee hielt sich schnell die Hand vor den Mund, damit der Drache sein Lachen nicht sah. Da und dort hörte man es aus den Bäumen kichern. Der Drache schaute sich um, aber er sah niemanden außer Zizidee. „Kommt alle her!" rief der Elf, und dann erzählte er dem Drachen, was in der Zwischenzeit passiert war, die Suche nach den Elfenflügeln und nach ihm.

Der Drache war zutiefst erschrocken. Er hatte die Elfenflügel verloren. Und er hatte doch allen Elfen versprochen, daß sie ihre Flügel zurückbekommen, wenn er seine wieder hat! Erleichtert hörte er, daß fast alle wiedergefunden worden sind, bis auf die Flügel von Violetta, der Veilchen-Elfe.

Sogleich kam er mühsam hoch – alles tat ihm noch weh vom Sturz. Ich helfe suchen, versprach er. So machte sich nun die ganze Elfenschar und der Drache auf, um das letzte Paar Flügel zu suchen. Zutiefst erschrocken zogen die Raben die Köpfe ein, als der Grüne Drache über ihre

Nester brauste. Noch ihren Kindern und Enkelkindern erzählten sie von diesem aufregenden Erlebnis.

Doch soviel sie auch suchten, Violettas Flügel blieben verschwunden. Zizidee und der Drache waren untröstlich. „Wir können nicht nach Hause zurückkehren", sprachen sie zueinander, „ehe wir nicht diese Flügel auch gefunden haben." Doch nun wurde es dunkel, die Sonne verschwand hinter den Bergen, und alles legte sich zur Ruhe. Zizidee durfte beim Tannen-Elf auf der großen Tanne übernachten, der Drache legte sich darunter. Dann war Stille in dem großen Wald, nur die alten Baumherren führten noch leise Gespräche miteinander.

Der große Flugwettbewerb
der Waldvögel

Am nächsten Morgen schien die Sonne vom blauen Himmel. Viele Vögel zogen in eine Richtung, und eine Eule erzählte dem Tannen-Elf, daß auf der großen Waldlichtung der Flugwettbewerb der Waldvögel stattfinden sollte.

„Sehen wir uns das doch mal an", schlug der Tannen-Elf vor, „da habt ihr ein bißchen Abwechslung. Wir können viele der Vögel um Mithilfe bei der Suche bitten und haben dann noch viel mehr Helfer!"

Zizidee fand den Vorschlag gut, und auch der Grüne Drache freute sich über diese Ruhepause. Und so wurde es gemacht. Alle Elfen, die mitkommen wollten, setzten sich dem Drachen auf den Rücken, halfen ihm mit ihren Flügeln ein bißchen beim Fliegen, und dann flog die fröhliche Schar zur Waldlichtung, wo schon viele Waldvögel versammelt waren. Das war ein Gezwitscher und Gepiepse, man verstand sein eigenes Wort nicht. Hin und her flatterte und flog die Vogelschar.

Ein weiser Uhu war der Schiedsrichter. Er klimperte mit seinen großen gelben Augen und verbat sich diesen unerhörten Lärm! Langsam wurde es ruhiger, und alle Vogelarten setzten sich zusammen.

Der Kuckuck war für die Startzeichen zuständig sowie für das Ende der Vorführung.

Dann gab der Uhu das Zeichen mit seinen Flügeln, der Kuckuck rief „Kuckuck" und die erste Vogelart begann den Kunstflug. Es waren die Buchfinken und Meisen, und jeder zeigte, was er konnte.

Schnell wurde der Sieger ermittelt und durfte sich neben den Uhu setzen.

Dann kamen die Spechte und Amseln, die Stare und Drosseln. Alle gaben sich furchtbar Mühe und flogen die aufregendsten Figuren und Spiralen. Es gab auch kleine Unfälle und Zusammenstöße in der Luft, aber es ging meistens glimpflich ab. Für Notfälle stand die Rote-Kreuz-Spinne bereit, um Platzwunden wieder mit ihren festen Fäden zuzunähen. Aber bisher wurde sie selten gebraucht. Zizidee und der Drache sowie die Elfen schauten gebannt zu. Es war wunderschön, den Vögeln zuzusehen. Insbesondere als die Schwalben dran kamen. Sie konnte niemand bisher übertreffen an Flugkunst.

Der erstaunliche Kunstflug der Elster

Dann waren nur noch die Elstern übrig, und da staunte das ganze fachkundige Vogel- und Elfenpublikum: eine der Elstern war einfach grandios und konnte nicht mehr überboten werden. Selbst ihre Gefährten, die anderen Elstern, waren starr vor Staunen: So etwas hatten sie von einer Elster noch nicht gesehen: hoch hinauf bis fast zu den Wolken, im Sturzflug nach unten, Pirouetten in der Luft, vorwärts und rückwärts; Überschlag und Salto auf Salto – nein, das hatte niemand vorher gesehen.
Alle klatschten und schrien vor Begeisterung, als die Elster sich dann nach Ende ihrer Vorführung verneigte. „Sie ist fast wie eine Elfe geflogen", sagte begeistert der sonst so würdige Tannen-Elf.
Da hatte Zizidee einen schrecklichen Verdacht. Er sprang von seinem luftigen Sitz auf dem Baum, von dem er das Geschehen verfolgt hatte, und flog zu der Elster hin, die gerade vom Uhu als „Bester Flugkünstler dieses Jahres" ausgezeichnet wurde. Vorsichtig schlich sich Zizidee von hinten heran.
Niemand bemerkte ihn – alles schaute auf die sich immer wieder verneigende Elster. Sie sonnte sich in ihrem Erfolg und trug die Schnabelspitze ganz hoch. Neiderfüllt schauten die anderen Elstern und hätten auch gerne diese Auszeichnung bekommen. Doch wie hatte sie das nur gemacht? Es war für alle Elstern völlig unverständlich.
Nun war Zizidee ganz herangeflogen, und sachte ließ er sich direkt hinter der Elster nieder. Und da fand er seinen Verdacht bestätigt: Die Elster hatte doch tatsächlich die Flügel von Violetta unter ihre Federn geschoben und war damit diese unglaublichen Kunststücke geflogen!
Ganz vorsichtig, ganz sachte zog der Elf die Elfenflügel

unter den anderen Flügeln hervor. Die Elster, die vor Stolz fast platzte, merkte es nicht, denn viele standen vor ihr und jubelten ihr zu.

Zizidee legte die Elfenflügel vorsichtig zusammen, versteckte sie unter seinem Gewand und flog zu den anderen Elfen zurück. Schnell berichtete er im Flüsterton, was geschehen war, und alle waren einerseits glücklich, daß sich die Flügel nun eingefunden hatten, aber auch andererseits sehr böse über den Betrug der Elster.

Na warte, dachte der würdige Tannen-Elf, dir werden wir es zeigen. Er flog zu dem Uhu und bat mit schmeichelnder Stimme: „Bitte, verehrter Herr Uhu, bitte lassen Sie die wunderbare Elster noch ein Kunststückchen zeigen, wir alle würden das so gerne noch einmal sehen!"

Der Uhu stimmte dem gerne zu, denn alle anderen riefen auch, daß sie noch einmal etwas sehen möchten von diesen unglaublichen, kunstfertigen Flügen.

Die Elster überschlug sich fast vor Stolz, und mit gespreizten Federn spazierte sie zur Mitte des Platzes, putzte geziert noch ihren langen Schwanz und erhob sich in die Luft.

Doch was war das? Es war nur ein ganz gewöhnlicher Elsterhupfer, den sie machte. Sie schlug mit den Flügeln mehr und mehr – aber alles sah nun ganz normal aus – kein bißchen elegant wie vorhin. Die Elster war ganz verunsichert, sie wußte nicht, warum es nun nicht mehr ging. Ringsherum raunten die Vögel erstaunt. „Höher", riefen sie, „flieg höher, so wie eben!" Verzweifelt mühte sich die Elster ab, aber es wurde nichts daraus.

Da flog Zizidee auf die Wiese, zeigte die beiden Elfenflügel hoch und rief: „Damit ist sie vorhin geflogen, sie hatte Elfenflügel zum Fliegen unter den ihren!"

Da war aber etwas los dort auf der Waldwiese. Erschrokken hatte die Elster sofort unter ihre Flügel geschaut und entdeckt, daß die Elfenflügel fort waren, und beschämt schlich sie unter dem Hohngelächter der anderen Elstern von dannen und versteckte sich. „Betrug, Betrug!" riefen sie ihr nach. Oh, die Elster hätte in den Boden versinken können. Nie wieder wollte sie so etwas machen. Das schwor sie sich.

Nur langsam legte sich die helle Aufregung auf der Wiese. Nun wurde ein anderer Vogel „Bester Flugkünstler des Jahres", und lange noch sprach man dort im Wald über diese Geschichte.

Zizidee jedoch war unendlich glücklich, nun doch noch Violettas Flügel gefunden zu haben. Gleich morgen früh wollten sie nun nach Hause fliegen. So weit war es ja nicht mehr bis zu ihrem Waldteich!

Es dauerte lange, bis alle schlafen konnten, so sehr waren sie aufgeregt. Elfenflügel zum Kunstfliegen mißbrauchen – unerhört!

Die glückliche Heimkehr

Der nächste Morgen zog strahlend herauf. Wie Diamanten hingen die Tautropfen an den Gräsern und Sträuchern. Die kleinen Baum-Elfen reckten und streckten sich und begrüßten die alten Baumherren.

„Wach auf, Grüner Drache!" Mit einer Glockenblume läutete Zizidee dem Drachen ins Ohr. Doch diese zarten Töne konnten ihn nicht aufwecken. Da rüttelte der Elf an seinen Ohren und brüllte, so laut er konnte: „Drachenblut und Feuerspei."

Hei, da war der Drache wach! Beinahe wäre Zizidee heruntergepurzelt, so schnell kam der Drache hoch. „Guten Morgen, guten Morgen! Was für ein herrliches Flugwetter wir heute haben", freute er sich.

Nun war kein Halten mehr, nun wollte er nach Hause. Zizidee schnürte ihm mit einigen Ranken, die er sich erbeten hatte, ganz fest das Paket Elfenflügel auf den Rücken, kletterte selbst hinauf, verabschiedete und bedankte sich nochmals bei allen Elfen, besonders beim Tannen-Elf, und mit einem feurigen „Drachenblut und Feuerspei" erhoben sich beide in die Luft. Alle anderen winkten hinterher.

„Kommt uns doch mal wieder besuchen!" rief Pummel, der kleine dicke Zuckerhutfichten-Elf. Schnell hatte er Zizidee noch ein Spitzchen seiner Fichte zugesteckt.

Doch das hatten die beiden gar nicht mehr gehört. Mit neuer Kraft flog der Drache los, und es ging höher und höher hinauf. Nun war dem Drachen auch nicht mehr schwindelig. Immer vertrauter wurde ihm nun wieder das Fliegen, und glücklich jauchzte er in den Morgen. Zizidee auf seinem Rücken lachte und schrie mit ihm zusammen:

„Drachenblut und Feuerspei –
wir fliegen nach Hause –
juchhei – juchhei!"

Immer näher kamen sie dem Waldgebiet, wo der Waldteich lag. Der Elf bekam richtig Herzklopfen vor Freude, nun endlich alle wiederzusehen und den Elfen die Flügel bringen zu können.

Gegen Mittag erreichten sie endlich ihren Waldteich, und der Grüne Drache drehte dreimal eine Runde mit dem jauchzenden Elfen. Da kamen alle, alle angeflogen, gelaufen, gekrochen und geschwommen. Alles versammelte sich zum Empfang auf der Wiese neben und im Teich, und großer Jubel begleitete ihre Landung.

Da standen ganz vorne alle die Elfen, die ihre Flügel hergegeben hatten, allen voran Violetta. Sie stürzte auf Zizidee zu und umarmte ihn, und alle anderen rannten nun auch zu ihm und erdrückten ihn fast vor Freude.

Lachend befreite sich Zizidee aus dem Gewühle, dann wurde auch der Grüne Drache begrüßt und im Schmuck seiner eigenen Flügel bewundert. Wie froh und glücklich waren alle, daß er seine eigenen Flügel wieder zurückbekommen hatte. Niemand hatte jetzt mehr Angst vor ihm. Auch die Kröte war zur Begrüßung gekommen und strich ihrem Herrn Drachen immer wieder glücklich über die Tatzen.

Zizidee nahm nun vorsichtig das Paket Elfenflügel herunter und bat um Mitarbeit der Waldspinne – da ja einige der Flügel arg zerfetzt waren. Traurig beschauten die Elfen ihre einstmals so schönen Flügel. Doch Zizidee beruhigte sie, die Waldspinne würde sie schon wieder flicken.

Eilig wurde die Spinne herbeigeholt und brachte auch noch gleich mehrere Freundinnen mit, die bekannt für ihre Spinnkünste waren. Nachdem die Spinnen sich den Schaden besehen hatten, gingen sie gleich ans Werk und spannen die zierlichsten, schimmerndsten Fäden, die sie je gesponnen hatten. Sie verwoben dabei auch etliche Strahlen Sonnenlicht und reparierten in kürzester Zeit all die Elfenflügel. Sie machten das so fein, daß man nicht mehr sah, daß diese Flügel jemals eingerissen waren.

Alle Elfen, die gebannt zugesehen hatten, brachen in lauten Jubel aus und bedankten sich herzlich bei den Spinnen. Auch der Grüne Drache war unendlich erleichtert, daß die Elfenflügel nun wieder schön waren. „Drachenblut und Feuerspei", flüsterte er, „vielen Dank, ihr Spinnen."

Inzwischen war es Abend geworden, und jede Elfe setzte sich vor ihr eigenes Paar Flügel. Alle warteten nun auf die Elfenkönigin, die den Elfen die Flügel wieder anbringen sollte. Denn nur sie konnte das tun.

Die Elfenkönigin kommt

Als der Mond silbern über dem Wald aufging und leichte Nebelschwaden über den Waldteich zogen, hörte man von Ferne feines Geläute und zartes Singen. Alle schauten gespannt in die Richtung, woher die Laute kamen. Immer deutlicher wurden die Töne, und dann sah man das Leuchten von Tausenden von Glühwürmchen, die näher und näher geschwebt kamen. Sie beleuchteten den Weg der Elfenkönigin.

Dann kam sie in einer Schar von Begleiterinnen angeschwebt. Alles hielt den Atem an, so wunderschön sah sie aus in ihrem Kleid, das aus Mondlicht gewoben schien, besetzt mit Edelsteinen, die in allen Farben leuchteten. Auf dem Kopf trug sie eine kleine Krone aus Bergkristall, die überallhin funkelnde Strahlen sandte.

Langsam kam der Zug näher. Blumen-Elfen in allen Farben begleiteten die Elfenkönigin. Allen hatten sich Glühwürmchen in die Haare gesetzt, und die bunten, zarten Gewänder schwangen.

Nun war die Königin in die Mitte des Kreises getreten, und alle verneigten sich vor ihr. Sogar der Grüne Drache, der von ferne das Geschehen verfolgte, neigte seinen dicken Kopf vor Ehrfurcht.

„Meine lieben Kinder, ich begrüße euch!" begann die Elfenkönigin mit liebevoller Stimme zu sprechen. „Lange haben viele von euch unter der Erde ausharren müssen, weil sie leichtsinnig dem Verbot zuwider handelten, über den Waldteich zu fliegen!"

Da senkten sich viele Elfenköpfe vor Scham.

„Da ihr eure Strafe aber nun schon selbst erdulden mußtet durch die Gefangenschaft, will ich euch verzeihen!"

Die Elfen schauten erleichtert und dankbar hoch.

„Der Grüne Drache dort ganz hinten unter den Bäumen", fuhr sie fort, „hat auch Schlimmes erlitten. Aber er hat alles wieder gutgemacht durch die Rettung der kleinen Meerjungfrau!"

Der Grüne Drache stieß ein kleines Rauchwölkchen vor Erleichterung aus. Sie war nicht mehr böse mit ihm!

„Ich denke, jeder hat aus dem Geschehen gelernt und wird in Zukunft daran denken", fuhr die Elfenkönigin fort. „Wir Elfen haben eine große Aufgabe von Mutter Erde übernommen. Wir müssen dafür sorgen, daß alle Pflanzen, seien es kleine Blumen, unscheinbare Gräser oder hohe Bäume, wachsen und gedeihen. Jeder ist für seine Pflanze zuständig und für sie verantwortlich.

Wenn die Menschen uns auch nicht sehen können oder die meisten auch gar nichts von uns wissen wollen, so sind wir dennoch hier!"

Alles nickte bestätigend mit dem Kopf. Manche kicherten leise hinter vorgehaltener Hand über die Dummheit der Menschen.

Mit erhobener Stimme sprach die Elfenkönigin weiter. „Nun werde ich allen Elfen die Flügel wieder anbringen, die sie verloren hatten. Bitte, tretet eine nach der anderen her zu mir."

Schnell bildete sich eine lange Reihe von Elfen, die alle ihre eigenen Flügel in der Hand hielten. Die Elfenkönigin nahm von einer Rosen-Elfe die Flügel in die Hand, strich sanft mit ihren Händen darüber und drückte sie an den Rücken der Elfe. Dabei sprach sie:

„Wachse, Flügel, wachse an,
damit er nicht mehr abgehen kann."

Die Rosen-Elfe verneigte sich glücklich vor ihrer Königin und machte Platz für eine Baum-Elfe. Und so ging es weiter und weiter, bis auch Violetta ihre Flügel wieder hatte.

Dann rief die Elfenkönigin Zizidee zu sich. Klopfenden Herzens kam er näher.

Die Elfenkönigin lächelte ihn lieb an und strich ihm über sein ramponiertes Hütchen. Im selben Moment erblühte unter ihrer Hand ein neues, wunderschönes Akkerwindenhütchen. Das schönste, das man je gesehen hatte. Und dann strich sie über seinen zerrissenen Anzug – und alles war wieder wie neu.

Alle kamen staunend näher, um ihn anzuschauen. Zizidee stiegen die Freudentränen in die Augen. „Danke, danke!" stammelte er und verneigte sich tief.

„Du hast dem Elfenreich mit deinem Mut und deiner Erfindungsgabe einen großen Dienst erwiesen", sprach die Königin zu ihm. „Dir haben es alle zu verdanken, daß hier nun wieder Friede herrscht und alle Blumen-, Sträucher- und Baum-Elfen, die in den Teich gefallen waren, wieder ihrer Arbeit nachgehen können. Viele Pflanzen sind krank geworden oder gestorben, weil sie ihre Elfe verloren hatten, aber nun wird alles wieder blühen und gedeihen. Dafür sage ich dir unser aller Dank."

„Danke, danke!" riefen nun alle Elfen im Chor.

Ernst werdend fuhr die Königin fort: „Doch eines habe ich auch von dir gelernt, lieber Zizidee!" Alles steckte tuschelnd die Köpfe zusammen. Was kann eine Elfenkönigin von einem kleinen Blumen-Elf noch lernen? Auch Zizidee schaute sie erwartungsvoll an.

„Ja", sagte die Königin langsam, „ich habe gelernt, daß man Verbote, die man ausspricht, auch begründen muß. Denn wenn ich euch gesagt hätte, daß ein Drache dort unten wohnt und alle eure Flügel braucht, dann wäre sicher niemand auf die Idee gekommen, dort über den See zu fliegen!"

„Ja, ja." Da nickten all die kleinen Elfenköpfchen. So sollte es in Zukunft sein.

Der Grüne Drache und die Elfenkönigin

Vorsichtig hatte sich der Grüne Drache nun genähert und schaute die Elfenkönigin demütig an. „Sprich", forderte ihn die Königin auf. Alle warteten gespannt, was der Grüne Drache zu sagen hatte.

„Hohe Elfenkönigin!" begann der Drache langsam. „Es tut mir sehr leid, es tut mir in meinem Drachenherzen weh, wenn ich höre, was ich deinen Elfen und damit den vielen Pflanzen angetan habe!" Eine dicke grüne Drachenträne rollte aus seinem Auge.

„Aber ich hatte nur an meine verlorengegangenen Flügel gedacht und wie ich sie wieder zurückbekommen könnte! Von nun an kann jede Elfe über den Teich fliegen, so oft sie möchte, und wenn sie hineinfällt, dann werde ich oder die Frau Kröte zur Stelle sein, um sie zu retten!"

Die dicke Kröte nickte eifrig mit dem Kopf. Ihre Glubschaugen kullerten vor Freude hin und her.

„Und in jeder Vollmondnacht", fuhr der Drache fort, „werde ich mit allen Elfen, die das möchten, einen Rundflug über das Land machen. Als kleine Wiedergutmachung für den erlittenen Kummer!"

Großer Elfenjubel ringsumher. Die Elfenkönigin nickte lächelnd mit dem Kopf, so daß das kleine Krönchen im Mondlicht in allen Farben blitzte und funkelte. Die Glühwürmchen tanzten auf und ab vor Freude und umflogen nun auch ohne Angst den Grünen Drachen.

„Nun", sprach jetzt wieder die Elfenkönigin, „dann kannst du ja mit mir gleich anfangen." Sie schwebte auf den Drachen zu und setzte sich anmutig auf seinen Rücken.

Silbrig wallte ihr Gewand mit den funkelnden Edelsteinen um sie herum. Unter dem Beifall der ganzen Elfenschar erhob sich der Grüne Drache, der sich außerordentlich geehrt fühlte, behutsam in die Luft.

Die Glühwürmchen flogen mit ihm und umschwärmten seinen Flug. Majestätisch segelte der Drache nun mit stolzgeschwellter Brust über den Waldteich und zog immer größer werdende Kreise.

Die Elfenkönigin hatte großes Vergnügen an diesem luftigen Ausflug. Den Glühwürmchen war es nun doch zu hoch zum Fliegen, und sie ließen sich eines nach dem anderen auf dem Drachenrücken, -kopf und -schwanz nieder und ließen sich mittragen.

Hingerissen schauten die anderen Elfen von unten aus zu. Dann sang die Elfenkönigin das Lied vom großen Schöpfer der Natur und von der guten Mutter Erde.

Langsam sank der Drache tiefer und tiefer. Von unten drang der Gesang der Elfen der Elfenkönigin und dem Grünen Drachen entgegen, und alle bildeten einen Kreis, um sie willkommen zu heißen.

Dann war der Drache gelandet, und anmutig stieg die Elfenkönigin hinunter. Sie bedankte sich liebevoll für den schönen Rundflug. Nun wurde der Grüne Drache ganz rot vor Freude. Tief verneigte er sich vor ihr.

Violetta sah das und flüsterte Zizidee zu: „Jetzt ist er ein roter Drache! Das sieht auch hübsch aus." Beide kicherten leise.

Dann faßten sich alle bei den Händen, Zizidee und Violetta standen beieinander und lachten sich an. Alle sangen dann noch einmal das Lied der Elfenkönigin. Leise verwehten die Töne in der Nacht, und der Mond warf seine silbernen Bahnen über den Teich.

Und wenn ihr in hellen Vollmondnächten einmal nach draußen schaut, dann horcht doch mal, ob ihr den grünen

Drachen mit den singenden Elfen hören könnt; oder vielleicht seht ihr ihn sogar?

Ein weiteres Buch von Christa Garbe:

Wipfel und Wurzel

Eine Geschichte von dem zu langen Riesen und
dem zu kleinen Zwerg
mit Bildern von Marie-Luise Viriot
für das Alter ab 5 Jahren

*192 Seiten, 2 Bilder in Vierfarbdruck, 12 Schwarzweiß-
abbildungen, Pappband*

ISBN 3-88069-347-1

Es ist nicht so selbstverständlich, daß sich der lange Wipfel
und der kurze Wurzel näher kommen. Dann aber sind
beide unzertrennlich. Ihre Freundschaft besteht alle Aben-
teuer, in die sie hineingezogen werden, weil zwei Zwer-
genvölker sich bekriegen wollen. Aber im letzten Augenblick und unter Einsatz ihres Lebens kann eine Versöhnung
eingeleitet werden. Welche wichtige Aufgabe die kleine
See-Nymphe dabei hat, wird hier nicht verraten.Aus